ARISTOTE

PHYSIQUE, II

TRADUCTION ET COMMENTAIRE

———

THÈSE COMPLÉMENTAIRE

POUR LE DOCTORAT

Présentée à la Faculté des lettres de l'Université de Paris

PAR

O. HAMELIN

———

PARIS

FÉLIX ALCAN, ÉDITEUR

108, BOULEVARD SAINT-GERMAIN, 108

—

1907

ARISTOTE

PHYSIQUE II

Traduction — Commentaire

ARISTOTE

PHYSIQUE II

TRADUCTION ET COMMENTAIRE

—————

THÈSE COMPLÉMENTAIRE

POUR LE DOCTORAT

Présentée à la Faculté des lettres de l'Université de Paris

PAR

O. HAMELIN

PARIS

FÉLIX ALCAN, ÉDITEUR

108, BOULEVARD SAINT-GERMAIN, 108

—

1907

A

LA MÉMOIRE

DE

H. MARION

Ce travail peut être considéré comme un spécimen d'une édition de la Physique d'Aristote que nous avons longtemps songé, que nous ne nous engageons pourtant pas à publier.

Mais ce n'est qu'un spécimen imparfait. Car si les trois commentateurs grecs de la Physique : Thémistius, Simplicius et Philopon, ont été dépouillés d'une manière assez complète, il resterait encore beaucoup à faire pour mettre le présent fragment d'édition au courant de l'érudition contemporaine.

Réserve faite des corrections qu'on trouvera indiquées, chacune à sa place, dans le commentaire, on s'est servi du texte donné par Prantl en 1879.

ARISTOTE

PHYSIQUE II

TRADUCTION

~~~~~~

CHAPITRE PREMIER

———

Parmi les êtres, les uns existent par nature, les autres
en vertu d'autres causes. [Ceux qu']on déclare exister par
nature, [ce sont] les animaux et leurs parties, les plantes
et les corps simples, tels que la terre, le feu, l'eau et l'air.

Or, tous les êtres dont nous venons de parler présentent
une différence manifeste avec ceux qui n'existent point
par nature : chacun des premiers, en effet, a en soi-même
un principe de mouvement et de fixité, les uns quant au
lieu, les autres quant à l'accroissement et au décroissement, d'autres quant à l'altération. Au contraire un lit,
un manteau et tout autre objet de cette espèce, en tant que
chacun mérite son nom et dans la mesure où il est un
produit de l'art, sont dépourvus de toute tendance naturelle au changement; [s']ils en ont une, [c']est en tant
qu'ils offrent cet accident d'être en pierre, en terre ou en
quelque mixte et sous ce rapport seulement; car la nature
est un principe et une cause de mouvement et de repos
pour [la chose] en quoi elle réside immédiatement [et à

titre d')attribut essentiel et non pas accidentel [de cette chose].

Je dis [à titre d'attribut] non accidentel parce qu'il pourrait arriver qu'un homme, étant médecin, fût lui-même la cause de sa propre santé; et cependant ce n'est pas en tant que recevant la guérison qu'il possède l'art médical; mais, par accident, le même homme est un médecin et le sujet d'une guérison : aussi ces deux [qualités] se séparent-elles l'une de l'autre. Même observation relativement à toutes les autres choses artificielles : aucune n'a vraiment en elle-même le principe de sa production; les unes l'ont en d'autres choses et hors d'elles, tels une maison et tout objet fait de main d'homme; les autres l'ont bien en elles-mêmes, mais ce n'est pas par essence, [savoir] toutes celles qui peuvent être par accident causes d'elles-mêmes.

La nature est donc ce que nous avons dit. Par conséquent ont une nature toutes les choses qui possèdent un tel principe. Or toutes ces choses sont des substances : en effet, ce sont des sujets, et la nature réside toujours dans un sujet. Sont [choses] conformes à la nature et toutes ces substances et tous leurs attributs essentiels, par exemple, pour le feu, la translation vers le haut; car ce n'est pas là une nature ni une chose qui ait une nature, mais c'est quelque chose qui arrive par nature et conformément à la nature.

Nous venons de dire ce qu'est la nature et ce que c'est que d'être par nature et conformément à la nature. Quant à essayer de démontrer que la nature existe, ce serait ridicule. Il est manifeste en effet qu'il y a beaucoup d'êtres tels [que ceux à qui nous avons attribué une nature]. Or démontrer ce qui est manifeste par ce qui est obscur, c'est le fait d'un homme incapable de discerner ce qui est connaissable par soi de ce qui ne l'est pas. C'est [une maladie] dont on peut être affligé, cela est clair : il peut arriver en effet qu'un aveugle de naissance raisonne sur les couleurs. [Mais] on voit que de telles gens sont forcés de discourir sur les mots sans avoir d'idées.

Selon l'opinion de quelques hommes, la nature et l'essence des choses naturelles consistent dans leur sujet prochain et informe par lui-même : ainsi la nature du lit est le bois, celle de la statue l'airain. La preuve, dit Antiphon, c'est que si l'on enfouit un lit et que la putréfaction ait la force de faire pousser un rejeton, il se produira non un lit, mais du bois; ce qui montre que la façon conventionnelle et artificielle [donnée à la chose] n'existe [en elle] que comme un accident, tandis que l'essence est ce qui présente une durée continue et reçoit tout cela. Si ces [sujets] à leur tour se trouvent relativement à d'autres dans le même rapport [où la forme était relativement à eux], comme il arrive par exemple pour l'airain et l'or relativement à l'eau, pour les os et le bois relativement à la terre ou encore dans tout autre cas, [alors, dit-on,] les nouveaux sujets constituent la nature et l'essence des premiers. C'est pourquoi d'après les uns le feu, d'après les autres la terre, d'après d'autres l'air ou l'eau et d'après d'autres encore plusieurs de ces [corps] ou tous [ensemble] constituent la nature de l'univers. Car celui ou ceux de ces corps qu'on regarde comme étant le sujet des choses, on le présente comme faisant l'essence de tout, tandis que le reste ne serait, à leur égard, qu'affections, habitudes et dispositions. Et chacun d'eux serait éternel (car il n'y aurait point de changement pour le faire sortir de sa manière d'être), tandis que tout le reste subirait à l'infini la génération et la corruption.

En un sens donc on appelle nature la matière qui sert

de sujet immédiat à chacune des choses qui ont en elles-
mêmes un principe de mouvement et de changement ;
mais, en un autre sens, c'est le type et la forme telle
qu'elle est dans le concept. De même, en effet, qu'on appelle art [dans les choses] ce qu'il y a [en elles] de conformité à l'art et de technique, de même on appelle nature
[ce qui constitue dans les choses] la conformité à la nature
et le caractère naturel. Or là [c'est-à-dire dans le domaine
des choses artificielles] nous ne dirons pas d'un objet qu'il
est conforme à l'art, qu'il y a en lui de l'art, s'il n'est [par
exemple] qu'un lit en puissance et ne possède pas encore
la forme du lit ; [ne disons donc] pas non plus [l'équivalent]
à propos des choses naturelles [dans le même cas] : car la
chair ou l'os en puissance ne possède pas encore sa nature et
n'existe pas par nature jusqu'à ce qu'il ait reçu la forme
de la chair ou de l'os telle qu'elle est dans le concept,
celle que nous énonçons pour définir l'essence de la chair
ou de l'os. De sorte que, en cet autre sens, la nature doit
être, dans les choses qui possèdent en elles-mêmes un
principe de mouvement, le type et la forme, [forme] non
séparable si ce n'est logiquement. Quant à ce qui résulte
de [la réunion] de ces deux [termes, matière et forme], ce
n'est plus une nature, mais c'est une chose existant par
nature, un homme par exemple. Cette nature est plus
[nature] que la matière : en effet chaque chose est dite
[être ce qu'elle est] plutôt quand elle est en acte que lorsqu'elle est en puissance. En outre un homme naît d'un
homme (mais non un lit d'un lit et c'est pourquoi on dit
que la figure du lit n'en est pas la nature, que c'est le bois
[qui est cette nature], parce que, par bourgeonnement, il
se produirait du bois et non un lit) ; or si cela est, c'est
encore que la forme constitue la nature, car un homme
naît d'un homme.

En outre, la φύσις, au sens de génération, est le passage
à la φύσις [au sens de nature]. Car, sans doute, le mot
ἰάτρευσις [quoique de formation analogue au mot φύσις dans
le sens de génération] ne signifie pas le passage à l'ἰατρική,
mais à l'ὑγίεια, puisque l'ἰάτρευσις vient nécessairement de
l'ἰατρική au lieu d'y aboutir; mais c'est un autre rapport
qu'il y a entre φύσις [au sens de génération] et φύσις [au sens
de nature], car le φυόμενον [ou l'engendré], en tant qu'on dit
de lui : φύεται [c'est-à-dire en tant que sa génération est en
train de s'accomplir], va d'un point de départ vers un
terme. Vers quel terme? Assurément, ce terme n'est pas
ce dont l'engendré vient, mais ce vers quoi il tend. [Or, ce
vers quoi il tend, c'est la forme.] Donc c'est la forme qui
est la nature.

Mais la forme et la nature se disent en deux sens, car la
privation est forme en quelque façon. La privation est-elle
donc un contraire dans la génération absolue aussi ou
bien n'en est-elle pas un? Nous aurons à le rechercher
plus tard.

———

CHAPITRE II

———

Après avoir distingué les divers sens du mot nature, il
est à propos d'examiner quelle différence il y a entre le
mathématicien et le physicien. En effet les surfaces, les
solides, les longueurs et les points sur lesquels spécule le
mathématicien [ne] sont [que] les attributs des corps naturels; et d'autre part l'astronomie est-elle autre chose
que la physique ou n'en est-elle pas [plutôt] une partie? Il
serait étrange qu'il appartînt au physicien de connaître

l'essence du soleil et de la lune, nullement leurs attributs essentiels, [étant donné] surtout que, en fait, les physiciens parlent de la figure de la lune et du soleil, se demandent si le monde et la terre sont sphériques ou non. La vérité est donc que ces attributs sont bien aussi l'objet du mathématicien, mais non en tant qu'ils sont les limites de corps naturels. Et s'il étudie les attributs, ce n'est pas en tant qu'appartenant à des substances de telle ou telle nature. C'est pourquoi il sépare [les attributs]; et en effet ils sont, par la pensée, séparables du mouvement. Cette séparation est indifférente, et il n'en résulte aucune erreur.

Quant aux partisans des idées, ils font la même opération sans qu'ils s'en aperçoivent : car ils séparent les essences naturelles, bien moins séparables que les essences mathématiques. On s'apercevra de la différence dès qu'on essaiera de donner des définitions touchant l'un et l'autre [de ces deux ordres de choses], qu'il s'agisse des sujets eux-mêmes ou des accidents. L'impair, le pair, le droit et le courbe d'abord, puis, [pour passer aux sujets], le nombre, la ligne et la figure existeront sans le mouvement; mais non pas la chair, l'os, l'homme : ces derniers termes sont analogues au nez camus et non au courbe. Les parties les plus physiques des mathématiques, soit l'optique, l'harmonique et l'astronomie, font aussi apercevoir [cette même différence], car leur rapport [à la physique] est inverse de celui de la géométrie [à la même science] : la géométrie étudie la ligne physique en tant que [la ligne n'est] pas physique; l'optique, au contraire, étudie la ligne mathématique, mais en tant que, de mathématique, la ligne est devenue physique.

La nature ayant donc deux sens, celui de forme et celui de matière, il faut l'étudier de la même manière que nous chercherions l'essence du camus et, par conséquent, des objets de cette sorte ne sont ni sans matière ni pourtant considérés sous leur aspect matériel.

Mais quoique cela soit ainsi, on pourrait continuer de se demander, la nature étant double, de laquelle s'occupe le physicien ou si c'est du composé des deux. Que si c'est du composé des deux, par là même il s'occupe de l'une et de l'autre. La question revient donc à savoir si c'est à une seule et même science, la physique, qu'il appartient de connaître l'une et l'autre. A regarder les anciens, il semblerait que la physique portât sur la matière, car [seuls] Empédocle et Démocrite se sont un peu attachés à la forme et à la quiddité. Mais s'il est vrai que l'art imite la nature et que quand il s'agit des choses artificielles un même savoir connaisse la forme et la matière dans certaines limites (par exemple c'est au médecin de connaître la santé, puis la bile et le flegme desquels est faite la santé; pareillement, c'est à celui qui exerce le métier de bâtir de connaître la forme de la maison et que sa matière consiste en tuiles et en bois; ainsi également pour les autres arts), alors il doit appartenir à la physique de connaître les deux natures.

En outre, c'est de la même science que relèvent ce qu'on a en vue ou la fin et ce qui est en vue de la fin. Or la nature est fin, est chose qu'on a en vue (en effet, là où il y a un terme pour un mouvement continu, [et tels sont les mouvements naturels], ce terme est fin, est quelque chose qu'on a en vue. Aussi le poète est-il ridicule quand il va jusqu'à dire : « Il a atteint le terme final en vue duquel il était né ». Car ce n'est pas toute espèce de terme qui prétend être une fin, c'est seulement celui qui est le meilleur), pendant que, d'autre part, les arts font leur matière, les uns [la faisant] absolument, les autres l'appropriant à leurs

194 a

besoins et que nous-mêmes nous faisons usage de toutes choses en les considérant comme existant en vue de nous. (En effet, nous sommes nous-mêmes des fins en un sens et la chose qu'on a en vue se prend en deux sens, comme nous l'avons dit dans notre ouvrage sur la philosophie.) Il y a donc deux sortes d'arts qui commandent à la matière et, [par suite], la connaissent : ce sont, d'une part, les arts qui font usage des choses, et, de l'autre, ceux qui, parmi les arts poétiques, sont architectoniques. Aussi l'art qui fait usage des choses est-il, à sa façon, architectonique, avec cette différence que la première sorte d'arts connaissent la forme, tandis que celui des arts, qui est architectonique parmi les arts poétiques, connaît la matière. (En effet, le pilote connaît et prescrit quelle doit être la forme du gouvernail, l'autre [artisan] de quel bois le gouvernail doit être fait et au moyen de quels mouvements.) En somme [toute la différence entre la nature et l'art est que] dans les choses artificielles nous faisons la matière en vue de l'œuvre, tandis que, dans les choses naturelles, l'existence en est donnée. [Mais, d'un côté comme de l'autre, la connaissance de la fin et celle de la matière ne font qu'un.]

Enfin la matière est un relatif, car, autre forme, autre matière.

Maintenant, jusqu'à quel point le physicien doit-il connaître la forme et l'essence? N'est-ce pas dans la mesure où le médecin connaît les tendons et le fondeur l'airain, c'est-à-dire jusqu'à un certain point? En effet, toutes les formes naturelles sont en vue de quelque chose et appartiennent à des êtres dont l'essence n'est séparable que spécifiquement et réside dans la matière, puisque c'est, avec le soleil, un homme qui engendre un homme. Quant à la manière d'être et à l'essence de l'être séparé, les déterminer est l'œuvre de la philosophie première.

CHAPITRE III

———

Après ces explications, nous avons à nous occuper des causes et à chercher ce qu'elles sont et quel en est le nombre. Le présent traité, en effet, a pour but un savoir; or personne ne croit savoir une chose avant d'avoir saisi le pourquoi de cette chose (c'est-à-dire saisi sa cause première); il est donc évident que c'est là ce que nous avons à faire nous-mêmes au sujet de la génération et de la corruption, ainsi que de tout changement naturel, afin que, connaissant les principes de ces changements, nous tâchions d'y ramener toutes nos recherches.

En un sens, on appelle cause ce dont une chose est faite et qui y demeure immanent : ainsi l'airain est cause de la statue, l'argent de la tasse et les choses plus générales [que l'airain et l'argent sont causes aussi de la statue et de la tasse].

En un second [sens, on appelle cause] la forme et le modèle, je veux dire la définition de la quiddité et aussi les choses plus générales qu'elle : ainsi le rapport de deux à un [est la cause] de l'octave et encore, d'une manière générale, le nombre et tout ce qui fait partie de la définition [du rapport de deux à un.]

En un autre [sens encore, on appelle cause] ce dont vient le premier commencement du changement ou de la mise au repos : ainsi l'auteur d'une décision est cause, de même le père est cause de l'enfant et, d'une manière générale, l'efficient est cause de ce qui est fait et ce qui fait changer de ce qui change.

En un dernier [sens, on appelle cause] la fin, je veux dire la chose qu'on a en vue : ainsi la santé est la cause de la promenade. En effet, pourquoi la promenade? C'est, disons-nous, afin d'avoir la santé et, en parlant de cette manière, nous croyons avoir indiqué la cause. Et [nous croyons avoir indiqué] du même coup [celle] de toutes les choses qui, mises en mouvement par une autre chose encore, sont intermédiaires entre [ce moteur et] la fin, comme [sont intermédiaires] entre [le moteur et] la santé, l'amaigrissement, la purgation, les remèdes, les instruments : car toutes ces choses sont en vue de la fin et ne diffèrent entre elles [que] parce que les unes sont des actions et les autres des instruments.

Tel est donc vraisemblablement le nombre des acceptions dans lesquelles on prend les causes. Mais, par suite de cette pluralité de sens, il arrive qu'une même chose ait plusieurs causes et cela non par accident : ainsi, pour la statue, la statuaire et l'airain, et cela non en tant que la statue est autre chose, mais en tant que statue; seulement il y a une différence : l'une de ces choses est cause comme matière, l'autre comme ce dont vient le mouvement. Il y a même des choses qui se trouvent être mutuellement causes l'une de l'autre; ainsi, les exercices pénibles sont cause du bon état du corps et celui-ci est cause des exercices pénibles; seulement ce n'est pas dans le même sens : l'une de ces choses est cause comme fin, l'autre comme principe du mouvement. Enfin, la même chose est cause des contraires; et, en effet, ce qui par sa présence est cause de tel effet, nous en regardons quelquefois l'absence comme cause de l'effet contraire; ainsi, l'absence du pilote est la cause du naufrage, alors que sa présence eût été cause du salut du bateau.

[Quelles que soient] d'ailleurs [les diverses nuances que

chaque classe comporte], toutes les causes que nous venons d'indiquer tombent très manifestement sous quatre
classes. Les lettres par rapport aux syllabes, les matériaux
par rapport aux objets fabriqués, le feu et les autres [élé-
ments] par rapport aux corps [composés], les parties par
rapport au tout, les prémisses par rapport à la conclusion,
sont causes comme ce dont les choses sont faites. Des
choses que nous venons d'opposer, les unes sont donc
causes à titre de sujet, telles les parties; les autres sont
causes à titre de quiddité : le tout, le composé, la forme.
De leur côté, la semence, le médecin, l'auteur d'une décision et, d'une manière générale, l'efficient, tout cela est
cause comme ce dont vient le commencement du changement, de l'immobilité ou du mouvement. D'un autre côté
[encore] une chose est cause, à titre de fin et de bien, des
autres choses, car ce qu'on a en vue veut être la chose
excellente par-dessus les autres et leur fin : or il est indif-
férent qu'on dise [ici] que la cause est le bien lui-même
ou qu'elle est le bien apparent.

Tels sont donc la nature et le nombre des causes en tant
que [ramenées à des] espèces; mais les aspects des causes
[individuellement] énumérés sont une multitude. Toutefois ces aspects mêmes, quand on les résume sous certains
chapitres, deviennent moins nombreux. On peut, en effet,
distinguer plusieurs sens dans lesquels on parle des causes
[lorsqu'on les considère quant à la variété de leurs aspects].
[C'est ainsi que], même parmi des causes d'une espèce
donnée, l'une est antérieure et l'autre postérieure : tels,
par rapport à la santé le médecin et le savant, par rapport à l'octave le double et le nombre; tels, d'une manière
générale, la classe et, par opposition, le particulier. [En
parlant de causes d'une même espèce, on distingue] encore
[les causes par soi et] les causes accidentelles et [celles-ci

de] leurs genres : ainsi c'est autrement que Polyclète et le statuaire sont causes de la statue, parce que c'est pour le statuaire un accident que d'être Polyclète; et, de leur côté, les classes qui embrassent l'accident [sont causes autrement que l'accident], dans le cas, par exemple, où l'on dirait que l'homme, ou même en général l'animal, est cause de la statue. Il y a du reste, en un autre sens, des accidents qui sont plus rapprochés et d'autres plus éloignés, comme dans le cas où l'on dirait qu'un blanc et un musicien sont causes de la statue. Mais toutes les causes, soit proprement dites, soit par accident, se prennent tantôt comme puissances et tantôt comme actes : par exemple la cause de la construction d'une maison, [c'est] le constructeur ou le constructeur en train de construire. A propos des choses dont les causes sont causes, il faudrait répéter ce que nous venons de dire : par exemple, c'est de cette statue, ou de la statue, ou en général de l'image, c'est de cet airain, ou de l'airain, ou en général de la matière [que la cause est cause] et de même pour les choses qui ne sont qu'accidentellement causées par les causes. Ajoutons que les choses dont les causes sont causes et les causes peuvent être prises [et suivant chacune de leurs acceptions séparément et] en en combinant plusieurs : on dira, par exemple, non pas que Polyclète ou que le statuaire, mais que le statuaire Polyclète est cause de la statue. Néanmoins, toutes ces acceptions se ramènent au nombre de six, dont chacune comporte elle-même deux acceptions; ce sont : le particulier et le genre, le par soi et l'accident (et aussi l'accident et ses genres), le combiné et le simple, toutes ces acceptions se rapportant chacune tantôt à l'acte et tantôt à la puissance.

La différence est que les causes en acte et particulières existent ou sont inexistantes en même temps que ce dont

elles sont causes : ainsi ce médecin, en train d'appliquer
un remède, existe en même temps que ce malade qu'il est
en train de guérir, et ce constructeur, en train de construire, existe en même temps que cette maison qu'il est
en train de construire, tandis qu'il n'en est pas toujours
de même pour les [causes] en puissance [et les choses dont
elles sont les causes] : car la maison et le constructeur ne
se corrompent pas en même temps.

[Quelle que soit] d'ailleurs [la variété des causes], il
faut toujours, pour chaque chose, chercher sa cause suprême, comme en tout le reste [on recherche le parfait] :
par exemple, l'homme construit parce qu'il est constructeur, et le constructeur l'est par l'art de construire : là
est donc la cause qui est plus primitive que les autres ; et
ainsi dans tous les cas.

Ajoutons que les genres sont causes des genres et le
particulier du particulier : par exemple, le statuaire est
cause de la statue et ce statuaire de cette statue ; que les
puissances sont causes des possibles, les [causes] en acte
des choses en acte. Contentons-nous de cette détermination du nombre des causes et des différents sens suivant
lesquels elles sont causes.

CHAPITRE IV

Cependant on parle de la fortune et du hasard comme
étant eux aussi des causes ; beaucoup de choses, [dit-on],
existent et arrivent par l'action de la fortune et par celle
du hasard. Nous avons donc à rechercher sous quel titre,

parmi les causes que nous avons énumérées, se placent la fortune et le hasard; puis si la fortune et le hasard sont la même chose ou s'ils diffèrent, et, question plus générale, quelle est l'essence de la fortune et du hasard.

[Avant tout, existent-ils?] On se demande, en effet, quelquefois s'ils existent ou non. Aussi prétend-on que rien n'arrive par le fait de la fortune et que, pour toutes les choses qui sont dites provenir du hasard ou de la fortune, il y a une cause déterminée. Lorsqu'un homme, par exemple, vient par fortune sur la place publique et y rencontre celui qu'il voulait, mais sans s'y attendre, la cause [de la rencontre] c'est qu'il a voulu se rendre sur la place publique pour ses affaires. De la même manière, pour les autres événements attribués à la fortune, il est toujours possible de trouver une cause [à l'œuvre] et non la fortune. Si d'ailleurs la fortune existait, il y aurait vraiment une étrangeté manifeste dans ce fait, qu'on ne s'expliquerait pas, savoir que, parmi les anciens sages qui ont traité des causes de la génération et de la corruption, jamais personne n'a rien précisé sur elle. C'est, semble-t-il, que, selon leur jugement aussi, rien n'existe par la fortune.

Mais voici qui est surprenant à son tour : il y a beaucoup de choses qui arrivent ou existent par le fait de la fortune ou du hasard et qui toutes, on ne l'ignore pas, peuvent, comme le demande le vieil argument contre l'existence de la fortune, être rapportées à quelqu'une des causes [déterminées] des événements : or, tout le monde soutient, malgré tout, que parmi les événements les uns proviennent de la fortune et que les autres ne proviennent pas de la fortune.

Aussi les anciens sages devaient-ils parler, dans quelque mesure au moins, de la fortune; [et comme], d'ailleurs, la fortune n'était certes pas à leurs yeux identique à quelqu'un de ces principes tels que l'amitié, la discorde, l'esprit, le feu ou tout autre pareil, [nous dirons] donc [que] c'est une étrangeté [de leur part] que d'avoir passé sous silence la fortune, soit qu'ils n'en admissent pas, soit qu'ils en reconnussent l'existence, et cela alors surtout qu'ils en font usage. Ainsi Empédocle dit que ce n'est pas constamment que l'air se sépare [pour se placer] tout en haut, mais qu'il en est [à cet égard] comme il plaît à la fortune; tellement qu'il écrit dans sa cosmogonie : « il se rencontra que l'air s'étendit alors de cette façon, mais souvent [ce fut] d'une autre ». Ce [philosophe] dit encore très souvent que les parties des animaux ont été produites par le fait de la fortune. D'autres assignent comme cause à notre ciel et à tous les mondes le hasard; en effet, c'est du hasard que provient la formation du tourbillon et du mouvement, qui ont séparé [les éléments] et amené l'univers à l'ordre que nous voyons. Or ceci encore est bien fait pour surprendre. Ils professent, en effet, que l'existence et la production des animaux et des plantes ne sont pas dues à la fortune, que la cause en est dans la nature, dans l'esprit, ou dans quelque autre chose de tel (car, [disent-ils], ce n'est pas ce qui plaît à la fortune qui naît de la semence de chaque être; de celle de tel être, [c'est] un olivier, de celle de tel autre, [c'est] un homme), tandis que le ciel et les plus divins des êtres visibles proviendraient du hasard sans avoir aucune cause comparable à celle des animaux et des plantes. Si toutefois il en était ainsi, cela même aurait été digne de remarque et on aurait bien fait d'en parler. Car, outre que ce qu'on avance est, à d'autres égards encore, contraire à la raison, l'étrangeté de la thèse est rendue plus grande par le fait qu'on voyait que dans le ciel rien n'arrive par hasard, au lieu que, dans les choses qui, [disait-on], ne proviennent pas

de la fortune, beaucoup d'effets proviennent de la fortune; cependant c'est le contraire qui devrait être.

D'autres encore pensent que la fortune est une cause,
mais cachée à la raison humaine, parce qu'elle est quelque
chose de divin et de supérieur. Ainsi [le hasard et la fortune existent, et] nous avons à chercher ce qu'est le
hasard et ce qu'est la fortune, s'ils ne font qu'un ou
diffèrent, et comment ils rentrent sous les causes que
nous avons distinguées.

CHAPITRE V

[Tout] d'abord donc nous voyons des [faits] qui se produisent toujours de même, d'autres qui ont lieu la plupart du temps : or il est évident que la fortune n'est dite
être la cause ni des uns ni des autres, et que les effets de
la fortune [ne sont dits être] ni du nombre des faits nécessaires, ni du nombre de ceux qui ont lieu la plupart du
temps. Mais comme il y a des faits qui se produisent par
exception à ceux-là, et que ce sont eux que tous affirment
être des effets de la fortune, il est évident que la fortune
et le hasard existent : car nous savons que de tels faits
sont des effets de la fortune, et que les effets de la fortune
sont de tels faits.

Maintenant, parmi les faits, les uns se produisent en
vue de quelque chose, les autres non ; et parmi les premiers, les uns [se produisent] par choix, les autres non
par choix, mais les uns et les autres parmi ceux [qui ont
lieu] en vue de quelque chose; il est donc manifeste que,

parmi les faits qui font exception à la nécessité et à ce qui a lieu la plupart du temps, il y en a qui peuvent exister en vue de quelque chose. Or les faits qui existent en vue de quelque chose sont tous ceux qui peuvent être accomplis par la pensée ou par la nature.

Lors donc que de tels faits se produisent par accident, nous disons que ce sont des effets de la fortune. (De même, en effet, que l'être est tantôt par soi, tantôt par accident, de même en peut-il être des causes : par exemple, l'art de bâtir est la cause par soi de la maison, le blanc et le musicien [en sont les causes] par accident. La cause par soi est en même temps [une cause] déterminée, et la [cause] accidentelle une [cause] indéterminée : car la multitude des accidents possibles d'une chose est infinie.) Ainsi, comme nous le disions, lorsque ce [caractère accidentel] se rencontre dans des faits susceptibles d'être produits en vue de quelque chose, on dit qu'ils sont des effets du hasard ou des effets de la fortune. (Nous aurons tout à l'heure à marquer la différence de ces deux [causes]; pour le moment, contentons-nous de cette [vérité] évidente que toutes les deux sont parmi les faits susceptibles d'être produits en vue de quelque chose.) Par exemple, [un homme], s'il avait su, aurait pu aller [en tel lieu] pour recevoir son argent, alors que [son débiteur] y touche le montant d'une quête; il y est allé, mais non en vue de cela ; il [n']y est allé et ne l'a fait pour toucher [son argent que] par accident ; et, [d'une part], cet [acte d'aller là], [il l'a accompli] alors qu'il ne se rend pas la plupart du temps ou nécessairement en ce lieu [et], d'autre part, la fin, [c'est-à-dire] le recouvrement [de la dette] n'est pas du nombre des causes [finales] contenues dans [la nature de l'être] lui-même, mais du nombre des choses qui relèvent du choix et de la pensée. Dans ces conditions on dit que [cet homme] est allé [là] par un effet de la fortune. Si, au contraire, [il y était allé] par choix, en vue de ce [recouvrement], et soit en s'[y] rendant toujours, soit comme recouvrant [là de l'argent] le plus souvent, alors [il n'y serait] pas [allé] par un effet de la fortune. Il est donc évident que la fortune est une cause par accident [dont les effets se rangent] sous [le genre de] ce qui arrive en vue de quelque chose dans [l'espèce de] ce qui relève du choix; d'où il suit que la fortune et la pensée se rapportent aux mêmes choses, car le choix ne [va] pas sans la pensée.

En somme, il est nécessaire que les causes d'où les effets de la fortune sont susceptibles de provenir soient indéterminées. De là vient que la fortune passe pour être [de la classe] de l'indéterminé et [pour être] cachée à l'homme et qu'on peut, en un sens, émettre l'opinion que rien n'est produit par la fortune. Tout cela, en effet, se dit justement parce qu'avec raison. Car, en un sens, quelque chose est produit par la fortune, puisque quelque chose se produit par accident et que la fortune est une cause par accident; mais comme [cause] absolue, la fortune n'est cause de rien : ainsi le constructeur est cause de la maison et accidentellement le joueur de flûte; et, du fait que, étant allé là, on a recouvré son argent, sans y être allé en vue de cela, [les causes sont] en quantité infinie : [y être allé] par la volonté de voir quelqu'un ou comme demandeur, ou comme défendeur. De même, dire que la fortune est quelque chose de contraire à la raison est juste; car la raison [porte] sur ce qui est toujours ou sur ce qui est la plupart du temps, tandis que la fortune [porte] sur ce qui fait exception à ces deux [ordres de] choses. (Aussi, comme les causes [qui sont causes] de cette façon, [c'est-à-dire relativement à des effets qui ne

sont ni toujours ni la plupart du temps ou en d'autres
termes les causes accidentelles] sont indéterminées, la fortune est elle-même [une cause] indéterminée. Cependant
on pourrait se demander dans quelques cas si n'importe
quelles causes sont susceptibles d'être [les causes des
effets] de la fortune, [si], par exemple, [la cause] de la
santé [n'est pas] le courant d'air ou l'échauffement dû au
soleil, et non le fait que les cheveux ont été coupés : car,
parmi les causes par accident, les unes sont plus prochaines que les autres.) D'autre part, on dit [que] la fortune [est] bonne lorsqu'un bien en résulte, mauvaise lorsque [c'est] un mal; qu'elle [est] fortune prospère ou au
contraire infortune, si ce [bien] et ce [mal] ont de la
grandeur. Par suite, [on parle] aussi [de] fortune prospère
et [d']infortune lorsqu'il s'en faut de peu qu'on ait éprouvé
un grand mal ou un grand bien : car la pensée prononce
que ce [bien] et ce [mal] sont comme s'ils avaient existé,
parce que le peu s'en faut passe pour un écart nul. [On dit]
encore [que] la fortune prospère est mal sûre [et] avec raison : car la fortune [tout court] est [elle-même] mal sûre,
puisque aucun des effets de la fortune ne saurait avoir
lieu ni toujours ni la plupart du temps.

En résumé, la fortune et le hasard sont, comme nous
l'avons dit, des causes par accident [relativement à] des
[effets] qui comportent de se produire autrement que
d'une seule et même façon ou [même autrement] que la
plupart du temps et [encore relativement à] ceux [de ces
effets qui sont] susceptibles d'avoir lieu en vue de quelque
chose.

———————

CHAPITRE VI

Mais ils diffèrent en ce que le hasard a plus d'extension : car tous les effets de la fortune sont des effets du hasard, tandis que ceux-ci ne sont pas tous des effets de la fortune. Il y a, en effet, fortune et effets de la fortune pour tous ceux à qui peuvent s'attribuer l'heureuse fortune et d'une manière générale l'activité pratique. Aussi est-ce nécessairement sur les objets de l'activité pratique que la fortune s'exerce. La preuve en est qu'on regarde l'heureuse fortune comme identique au bonheur ou peu s'en faut, et que le bonheur est une certaine activité pratique, puisque c'est une activité pratique heureuse. Ainsi les êtres qui ne peuvent agir d'une activité pratique ne peuvent non plus faire quelque chose qui soit l'effet de la fortune. D'où il suit que nul être inanimé, nulle bête, nul enfant n'est l'agent d'effets de la fortune parce qu'il n'a pas la faculté de choisir ; et il n'y a non plus pour eux ni heureuse fortune ni infortune, si ce n'est par métaphore, comme Protarque disait que les pierres dont sont faits les autels jouissent d'une heureuse fortune parce qu'on les honore, tandis que leurs compagnes sont foulées aux pieds. En revanche, ces choses elles-mêmes peuvent, en quelque façon, pâtir par le fait de la fortune, lorsque celui qui agit sur elles par son activité pratique agit par le fait de la fortune ; autrement, elles ne le peuvent.

Pour le hasard, il appartient aux animaux et à beaucoup des êtres inanimés : ainsi, on dit que la fuite du cheval est un hasard parce que, ayant fui, il a trouvé le

salut sans qu'il ait fui en vue de trouver le salut. De son
côté, la chute du trépied est un hasard : car le trépied est
debout en vue de servir de siège, mais ce n'est pas en vue
de le faire servir de siège que sa chute a eu lieu. Il est
donc évident que, d'une manière générale, dans le domaine des choses qui ont lieu en vue d'une autre, quand
des choses ont lieu sans avoir en vue le résultat et en
ayant leur cause finale en dehors de lui, alors nous disons
que ce résultat est un effet du hasard et, d'un autre côté,
nous appelons effets de la fortune tous ceux des effets
du hasard qui sont parmi les choses qu'on pourrait choisir et relèvent d'êtres capables de choix.

La preuve [que le hasard est bien tel], c'est que nous
prononçons le mot de en vain (μάτην) lorsqu'une certaine
chose qui est en vue d'une autre n'amène pas ce en vue de
quoi elle était. Par exemple, on se promène en vue d'obtenir une évacuation ; si, s'étant promené, elle ne survient
pas, on dit qu'on s'est promené en vain et que la promenade a été vaine, montrant ainsi que cela est en vain qui
étant de sa nature en vue d'une autre chose ne produit
pas cette chose en vue de quoi sa nature était d'exister ;
car, si l'on disait qu'on s'est baigné en vain sur cette raison que le soleil ne s'est pas ensuite éclipsé, on serait ridicule, cela n'étant pas en vue de ceci. Ainsi donc le hasard
(τὸ αὐτόματον), pour s'en rapporter à son nom même,
existe lorsque la chose [qui sert d'antécédent à l'effet du
hasard] est par elle-même en vain (αὐτὸ μάτην). Ainsi la
chute d'une pierre n'a pas lieu en vue de frapper quelqu'un ; donc, sous ce rapport, la chute de la pierre vient du
hasard, car, si elle n'était pas un hasard, la chute serait
du fait de quelqu'un et provoquée en vue de frapper.

Or c'est surtout dans les productions de la nature que
des effets de la fortune se distinguent ceux du hasard : car

en face d'une production de la nature, alors même qu'elle
est contraire à la nature, nous ne disons pas qu'elle est
un effet de la fortune, mais plutôt qu'elle est un effet du
hasard. Et toutefois cette production contraire à la nature
est elle-même autre chose qu'un effet du hasard : car la
cause finale d'un effet du hasard est hors de cet effet, tandis
que celle de cette production est au dedans d'elle-même.

Nous venons de dire ce qu'est le hasard, ce qu'est la fortune et en quoi ils diffèrent l'un de l'autre. Maintenant,
parmi les modes de la cause, ils sont l'un et l'autre dans
les principes du mouvement : toujours, en effet, ils sont
une [sorte de] cause naturelle [ou de] cause pensante,
seulement, de ces [sortes de causes], la multitude est indéterminée.

Mais puisque le hasard et la fortune sont, lorsque ces
faits ont une cause accidentelle, causes de faits dont l'intellect ou la nature pourraient être causes, et puisque rien
d'accidentel n'est antérieur à ce qui est par soi, il est évident que la cause accidentelle elle-même n'est pas antérieure à la cause par soi. Le hasard et la fortune sont donc
postérieurs à l'intellect et à la nature. Ainsi supposé que
le hasard soit, autant qu'il se peut, la cause du ciel, il faudra que, antérieurement, l'intellect et la nature soient la
cause et de beaucoup d'autres choses et de cet univers.

CHAPITRE VII

[Ainsi], qu'il y ait des causes et que le nombre en soit
tel que nous disons, c'est évident, car tel est le nombre de

causes qu'embrasse le pourquoi. En effet le pourquoi se ramène en fin de compte, soit à l'essence, à propos [par exemple] des choses immobiles, je veux dire en mathématiques (à preuve qu'il se ramène en fin de compte à la définition du droit, du commensurable ou de quelque autre chose); soit au moteur prochain (par exemple : pourquoi ont-ils fait la guerre? parce que [leurs ennemis] les ont pillés); soit [à] la chose qu'on a eue en vue ([par exemple : ils ont fait la guerre] pour dominer); soit, à propos des choses qui deviennent, [à] la matière. Il est donc clair que les causes sont telles et en tel nombre.

Or, les causes étant quatre, [il appartient] au physicien de connaître de toutes et il indiquera le pourquoi en physicien en le ramenant à toutes : la matière, la forme, le moteur et la chose qu'on a en vue. Il est vrai que trois d'entre elles se réduisent à une en beaucoup de cas : car l'essence et la chose qu'on a en vue ne font qu'un, et la source prochaine du mouvement est spécifiquement identique à celles-ci : car c'est un homme qui engendre un homme et, d'une manière générale, [cette identité a lieu pour] tous [ceux des] moteurs prochains qui sont mus, [alors que], d'autre part, ceux qui [ne sont] pas [mus] ne [relèvent] plus de la physique, puisqu'ils ne meuvent pas en possédant en eux-mêmes le mouvement ni un principe de mouvement [agissant sur eux-mêmes], mais en restant immobiles; d'où il suit qu'il y a trois ordres de recherches : l'un sur les choses immobiles, l'autre sur les choses mobiles mais incorruptibles, un autre sur les choses corruptibles. Aussi, [le physicien] a-t-il indiqué le pourquoi quand il l'a ramené à la matière, à l'essence et au moteur prochain. Et effectivement, à propos du devenir, [c'est] surtout de la manière que voici [qu']on cherche les causes : [on se demande] quelle chose [vient] après quelle autre, quel est l'agent ou quel est le patient prochain, et toujours ainsi en suivant. Mais les principes qui meuvent d'une façon naturelle sont doubles, et l'un d'eux n'est pas un principe naturel : car il n'a pas en lui-même un principe de mouvement [agissant sur lui-même]; tels les moteurs qui ne sont pas mus, comme d'une part le moteur absolument immobile et le premier de tous, [comme] d'autre part l'essence et la forme, car [ce sont là] des fins et des choses qu'on a en vue. De la sorte, attendu que la nature [agit] en vue de quelque chose, il faut que [le physicien] connaisse aussi ce [second principe moteur], et c'est selon tous les sens qu'il doit indiquer le pourquoi; [pour l'indiquer] il doit dire : parce que de telle [cause efficiente] suit nécessairement telle chose, cela soit absolument, soit la plupart du temps; parce que, si telle chose doit être, [il faut telle matière], de la même façon que des prémisses [résulte] la conclusion; parce que la quiddité était telle, et [enfin] parce que le meilleur [le voulait] ainsi, [le meilleur] non pas absolument, mais par rapport à l'essence de chaque chose.

CHAPITRE VIII

Nous devrons donc établir d'abord que la nature est [au nombre] des causes [qui agissent] en vue de quelque chose, [et] ensuite quel sens comporte le nécessaire dans les choses naturelles : car voici la cause à laquelle tous ramènent [leurs explications], c'est que les propriétés naturelles du chaud et [celles] du froid et [celles] de toutes les choses de cette sorte étant telles, tels êtres et tels

changements [s'ensuivent] nécessairement. Que s'ils allè-
guent une autre cause, à peine y ont-ils touché qu'ils
l'abandonnent, [comme] celui-ci [qui allègue] l'amitié et la
discorde et cet autre l'intellect.

Mais [avant tout], il y a [relativement à nòtre premier
point] une difficulté : qui empêche que la nature, au lieu
d'agir en vue de quelque chose et parce que c'est le meilleur, [agisse] comme le ciel [qui] verse la pluie non pour
faire croître le blé, mais par nécessité? En effet, les [exha-
laisons après s'être] élevées se refroidissent forcément et,
refroidies, devenues de l'eau, elles tombent; puis, en conséquence, il arrive par accident que le blé croît; et pareillement si, en revanche, du blé se perd sur une aire, [le
ciel] ne verse pas la pluie en vue de cela [et] pour le
perdre, mais cela arrive par accident. Cela compris, qui
empêche que, dans la nature, le cas des parties [des vi-
vants] soit le même? Les dents, par exemple, naîtraient
les unes, les incisives, tranchantes [et] propres à couper
les aliments, les autres, les molaires, larges et aptes à [les]
broyer; car, [dit-on], elles ne seraient pas produites en vue
de ces fonctions, mais par accident elles s'[en] trouveraient [capables]. De même pour toutes les autres parties
qui sont, selon l'opinion générale, en vue de quelque
chose. [Les êtres] chez lesquels il s'est trouvé que toutes
les parties sont telles que si elles avaient été produites en
vue de quelque chose, ceux-là ont survécu étant, par un
effet du hasard, convenablement constitués; ceux au contraire, pour qui [il n'en a] pas [été] ainsi, ont péri et péris-
sent; et tels sont les bovins à face d'homme dans Empédocle.

C'est donc en ces allégations ou en d'autres analogues
qu'on peut faire consister la difficulté. Mais il est impossible que [dans la réalité] il en soit ainsi. En effet, ces

choses [dont on vient de parler], et, [en général], toutes les choses naturelles se produisent telles qu'elles sont, soit toujours, soit la plupart du temps, tandis que nul effet de la fortune ou du hasard [n'a cette constance]. Car, selon l'opinion générale, ce n'est pas par fortune ni par rencontre qu'il pleut fréquemment en hiver, mais s'[il pleuvait fréquemment] au temps de la canicule [ce serait par fortune et par rencontre]; ce n'est pas [par fortune et par hasard] qu'[il y a] des chaleurs brûlantes au temps de la canicule, mais qu'[il y en aurait] en hiver. Si donc il est vrai, selon l'opinion générale, que [les choses naturelles] existent [de l'une de ces deux manières savoir] ou bien par rencontre, ou bien en vue de quelque chose [et] si, [d'autre part], il est impossible qu'elles existent par rencontre et par hasard, il faudra qu'elles existent en vue de quelque chose. Or, d'après ceux mêmes qui tiennent de tels discours, toutes ces sortes de choses [dont ils parlent] sont naturelles. Le [fait d'exister] en vue de quelque chose a donc lieu dans les changements et dans les êtres naturels.

En outre, dans les choses qui comportent un terme final, ce qui [est donné] d'abord et [ce qui [vient] ensuite est fait en vue de ce [terme]. Donc, étant donné qu'une chose se fait par tel procédé, c'est par le même procédé que la nature la produit, et étant donné que la nature produit [une chose] par tel procédé, c'est par le même procédé qu'elle se fait, à moins d'empêchement. Or [les choses qui comportent un terme final] se font en vue de quelque chose; donc, la nature les produit en vue de cette même chose. Par exemple, si une maison était [au nombre] des choses produites par la nature, elle serait produite [par la nature] comme elle l'est en fait par l'art; si, au contraire, les choses naturelles n'étaient pas produites par la nature seulement, mais aussi par l'art, elles seraient produites [par l'art] de la même manière qu'elles le sont par la nature. Par conséquent, l'un [des moments de la chose, c'est-à-dire les antécédents, serait produit] en vue de l'autre, [c'est-à-dire du terme final].

Maintenant, d'une manière générale, l'art ou bien exécute ce que la nature est impuissante à effectuer, ou bien il l'imite. Si donc les choses artificielles [sont produites] en vue de quelque chose, il est évident que les choses de la nature [le sont] aussi : car dans les choses artificielles et dans les choses de la nature les conséquents et les antécédents sont entre eux dans le même rapport.

Toutefois [cette identité de procédure entre la nature et l'art] est surtout évidente en présence des animaux autres [que l'homme], qui n'agissent ni par art, ni en cherchant, ni en délibérant : d'où vient qu'on s'est demandé si les araignées, les fourmis et les [animaux] de cette sorte travaillent avec intelligence ou quelque chose d'approchant. Or, en continuant peu à peu dans la même direction, on voit que, dans les plantes mêmes, les choses utiles pour la fin se produisent : ainsi les feuilles en vue d'abriter le fruit. Si donc [c'est] par une impulsion naturelle et aussi en vue de quelque chose [que] l'hirondelle fait son nid, et l'araignée sa toile, et si les plantes [produisent] leurs feuilles en vue des fruits, [si elles poussent] leurs racines non en haut, mais en bas en vue de la nourriture, il est clair que cette sorte de cause [qui agit en vue d'une fin] existe dans les changements et dans les êtres naturels.

Et puisque la nature est double, matière d'un côté, forme de l'autre, que celle-ci est fin et que les autres choses sont en vue de la fin, c'est celle-ci [c'est-à-dire la nature comme forme] qui est la cause, [au sens de] la chose qu'on a en vue.

Des erreurs se produisent bien jusque dans les choses que l'art exécute : le grammairien écrit [quelquefois] incorrectement et le médecin administre mal à propos sa potion; ainsi il est évident qu'il peut également [se produire des erreurs] dans les choses que la nature exécute. Si donc il y a des productions de l'art dans lesquelles ce qui est bien [a été fait] en vue de quelque chose, tandis que, pour ce qui est erroné, [cela] a été entrepris en vue de quelque chose, mais a manqué [le but], de même en doit-il être dans les choses naturelles, et les monstres sont des erreurs de cette dernière [espèce de la causalité agissant] en vue de quelque chose. Et, par conséquent, pour ce qui est de la constitution [des animaux] du début, si les bovins [d'Empédocle] ont été incapables d'aller jusqu'à un certain terme et [une certaine] fin, [c'est qu']ils avaient été produits par un principe vicié, comme maintenant [les monstres le sont] par un germe vicié; puisqu'il est nécessaire que [ce soit] le germe [qui] soit produit d'abord et non tout de suite les animaux; et le « d'abord des [ébauches] indistinctes, » [c']était le germe.

En outre, dans les plantes mêmes, il y a des [dispositions prises] en vue de quelque chose; elles sont seulement moins marquées. S'est-il donc produit parmi les plantes des sortes de vignes à tête d'olivier comme les bovins à faces d'hommes; ou bien ne [s'en est-il] pas [produit]? [Dire qu'il s'en est produit eût été] absurde certes, et pourtant il fallait [qu'il s'en produisît], puisqu'[il y a eu de tels monstres] chez les animaux.

En outre, il faudrait que les produits des germes fussent sans règle. Mais celui qui parlerait ainsi supprimerait d'une manière générale les [productions] de la nature et la nature. Car sont [productions] de la nature toutes les choses qui, mues d'une façon continue par un principe

intérieur, aboutissent à un terme final. Or, de chacun de
ces principes dérive un [terme final] différent [de celui]
des autres et qui n'est pas quelconque : cependant elles
[vont] toujours [chacune] vers le même [terme], si rien
ne les empêche.

Il est vrai que la chose qu'on a en vue et ce qui est en
vue d'elle peuvent au besoin être produits par la fortune.
Par exemple, nous disons que l'étranger est arrivé par
fortune et que, ayant délié [le prisonnier], il l'a laissé
aller, lorsque [l'étranger] a fait cela comme s'il était arrivé
en vue de [le] faire, n'étant pas cependant arrivé en vue
de cela. Et cette [réalisation de quelque chose qu'on pourrait avoir en vue a lieu] par accident : car la fortune est,
comme nous l'avons dit plus haut, [au nombre] des causes par
accident. Mais lorsque cette [réalisation] a lieu toujours ou
le plus souvent, [alors] elle n'est pas un accident ni un
effet de la fortune; or les choses naturelles [arrivent]
toujours, [ou la plupart du temps, *ou plutôt* : en vue de
quelque chose (cf. 199 b 18-19)], de telle manière déterminée, pourvu que rien n'empêche.

Quant à penser qu'il n'y a pas action en vue de quelque
chose, parce qu'on ne voit pas le moteur délibérer, c'est
absurde. Car l'art lui-même ne délibère pas, et certes, si
l'art de construire les vaisseaux était dans le bois, il agi-
rait comme la nature; si donc il y a dans l'art de l'[ac-
tion] en vue de quelque chose, [il y en a] aussi dans la
nature. Toutefois, [c'est] surtout dans le cas où un [homme]
se guérit lui-même [que] cette [conformité de la nature
avec l'art] est évidente : car la nature ressemble à cet
[homme]. Il est donc clair que la nature est une cause et
[cause en ce sens] qu'[elle agit] en vue de quelque chose.

CHAPITRE IX

Maintenant le nécessaire [dans les choses de la nature] est-il [nécessaire d'une nécessité] hypothétique ou [d'une nécessité] absolue ? Nous voyons, en effet, [les physiologues] penser que la nécessité règne dans le devenir, comme celui qui croirait que les murs se produisent nécessairement, parce qu'il est de la nature des graves d'aller en bas et [de celles] des choses légères [d'aller] à la surface, ce qui ferait que les pierres et les fondements [seraient] en bas, la terre [plus] haut, en raison de sa légèreté et le bois, comme le plus léger, tout à fait à la surface. Cependant la vérité est que sans ces choses [les murs et la maison] ne se produiraient pas, mais qu'ils ne [sont] point [produits] par ces choses si ce n'est en tant qu'[elles sont leur] matière et [qu'ils sont produits] en vue de couvrir et de conserver certains objets. Et [il en est] de même pour toutes les choses qui existent dans une certaine vue : [elles] ne [sont] point sans ce qui revêt la nature du nécessaire, et pourtant [elles] ne [sont] point par lui si ce n'est en tant qu'[il est] leur matière, et [elles sont] dans une certaine vue. Par exemple, pourquoi la scie [est-elle] ainsi faite ? Afin qu'elle soit ceci et en vue de telle chose ; mais cette chose visée ne peut se produire sans que [la scie] soit de fer ; donc il est nécessaire qu'elle soit de fer, s'il doit y avoir une scie et son œuvre. Par conséquent, le nécessaire [l'est d'une nécessité] hypothétique ; il n'[est] pas [nécessaire] comme [nécessitant] la fin : car la nécessité est dans la matière, tandis que ce qu'on a en vue est dans la notion.

Et le nécessaire est, en un sens, à peu près de même
espèce dans les mathématiques et d'autre part dans les
productions de la nature. En effet, la droite étant ceci, il
est nécessaire que le triangle ait [ses angles] égaux à deux
droits, mais de cette dernière [proposition on] nè [tirerait]
pas la précédente, bien que, si la dernière n'est pas [vraie],
la droite, à son tour, n'existe plus. La différence est que
dans les objets produits en vue de quelque chose l'ordre
[est] inverse : s'il est vrai que la fin sera ou [si elle] est,
il est vrai que l'antécédent sera ou qu'il est ; mais, dans
le cas présent, la fin et la chose qu'on a en vue ne seront
pas si [l'antécédent] n'[est] pas, de même que, dans l'autre
cas, le principe ne sera pas si la conclusion n'est pas ; car
[la fin] est principe aussi, non de l'exécution mais du raisonnement, tandis que dans l'autre cas, [le principe est
principe] du raisonnement, puisqu'il n'y a pas d'exécution. Ainsi, étant vrai qu'il y aura une maison, il est nécessaire que telles choses soient faites, ou [encore] qu'elles
soient ou exi[st]e[n]t ; d'une manière générale [il est néces-
saire], s'[il doit y avoir] une maison, [que] la matière ap-
propriée, des tuiles et des pierres, par exemple, [soit
aussi] ; et pourtant la fin n'est pas ni, [s'il est vrai qu'elle
sera], ne sera pas, par ces choses, sauf en tant qu'elles
sont sa matière ; bien que, d'une manière générale, si ces
choses ne sont pas, il soit vrai que ni la maison ne sera
ni la scie, l'une sans les pierres, l'autre sans le fer, non
plus que dans l'autre cas, si le triangle ne [vaut] pas deux
droits, les prémisses [ne subsisteront].

[Il est] donc évident que le nécessaire dans les choses
naturelles, [c'est] ce qu'on énonce comme [leur] matière
et les mouvements de celle-ci. Et le physicien doit parler
des deux [sortes de] causes, mais surtout de celle [qui dit]
en vue de quoi [est l'objet] : car c'est là la cause de la

matière, mais celle-ci n'[est] pas [cause] de la fin. Aussi la fin [est-elle] ce que [la nature] a en vue, et [c'est] de la définition et de la notion que [la nature] part. De même que, dans les choses artificielles, la maison étant telle, il faut que nécessairement telles choses soient faites ou existent, que la santé étant telle, il faut que nécessairement telles choses soient faites ou existent, de même [dans la nature] l'homme étant tel, [il faut] telles choses, et s'[il faut] telles choses, [il en faut] telles [autres à leur tour].

Peut-être, il est vrai, y a-t-il du nécessaire [jusque] dans la notion : car, lorsqu'on a défini l'œuvre du sciage [en disant] que [c'est] telle sorte de coupure, il reste que cette [sorte de coupure] ne saurait être, à moins que [la scie] n'ait des dents de telle sorte, et ces dents ne seront pas à moins que la scie ne soit de fer. C'est qu'il y a dans la notion elle-même des parties qui sont dans la notion comme [sa] matière.

ARISTOTE

PHYSIQUE II

COMMENTAIRE

~~~~~~

CHAPITRE PREMIER

——

§ début = καὶ ἀέρα, 192 b 11. — εἶναι φύσει n'est pas exactement rendu par les mots : être par nature. L'expression
d'Aristote signifie évidemment que, à la différence des
choses artificielles, il y a des choses naturelles, c'est-à-
dire qui sont ce qu'elles sont et font ce qu'elles font en
vertu de *leur* nature. Nous retrouverons d'ailleurs l'expression plus bas, 193 a 1.

δι' ἄλλας αἰτίας, 192 b 8. Ces autres causes sont l'activité
pratique ou poétique de l'homme, la fortune. (Voy. p. ex.
Thémistius, *Paraphrases Aristotelem*, édit. Spengel, t. I,
157, 7.)

φύσει δέ φαμεν.... 192 b 9. Bekker donne : φύσει μὲν τά
τε ζῷα.... Le ms. E porte : φύσει δέ φᾱμεν εἶναι τά τε.... Il est
clair que si l'on en adopte la leçon il faut, avec Prantl,
supprimer aux lignes 11-12 les mots ταῦτα.... = φαμέν,
quoique le ms. ne le fasse pas. Simplicius (*In Physic.*,
édit. Diels, t. I, 261, 6 et 18) paraît avoir eu sous les yeux
le texte de Bekker; Philopon, au contraire (*In Physic.*,

édit. Vitelli, t. I, 202, 22, avec la note de Vitelli) celui du ms. E, qui se trouve ainsi le plus autorisé.

τά τε ζῶα, 192 b 9. Pourquoi le premier exemple d'êtres naturels qui se présente à l'esprit d'Aristote est-il l'animal et en général le vivant ? C'est que, comme nous le verrons mieux plus tard, il y a, en dépit de toutes les distinctions, une analogie étroite chez Aristote entre la notion de nature et la notion d'âme. Sans doute toute âme n'est pas nature, car l'intellect est d'un ordre à part, mais certaines âmes sont nature, si bien que le physicien en doit connaître : δῆλον οὖν ὡς οὐ περὶ πάσης ψυχῆς λεκτέον [sc. τῷ φυσικῷ] · οὐδὲ γὰρ πᾶσα ψυχὴ φύσις, ἀλλά τι μόριον αὐτῆς ἓν ἢ καὶ πλείω. (Part. des anim., I, 1, 641 b 8.) Philopon (197, 14) n'a donc pas tort de dire que, dans notre passage, on peut considérer l'âme de l'animal, même en tant qu'animal, comme étant aux yeux d'Aristote une nature, et Alexandre (dans Simplic., 268, 19) écrit avec raison qu'Aristote a fait ici rentrer l'âme dans l'extension du concept de nature (καὶ τὴν ψυχὴν περιείληφε τῷ τῆς φύσεως λόγῳ). Au contraire Simplicius, dont les préoccupations platoniciennes et alexandrines sont manifestes en l'espèce, a-t-il tort, dans sa crainte de compromettre la doctrine des âmes séparées, de vouloir qu'Aristote, en parlant des animaux, ne songe pas à les considérer en eux-mêmes, mais seulement dans les éléments ou corps simples dont ils sont en fin de compte composés (262, 13). Vainement s'appuie-t-il (263, 18) sur un passage du premier livre de la *Physique* d'Eudème, où ce philosophe dégage le concept de nature en cherchant l'élément commun à tous les êtres que nous appelons naturels, depuis l'homme et l'animal jusqu'aux corps simples et en faisant abstraction par conséquent de la sensation et des autres pouvoirs inférieurs, quoique encore proprement psychiques. En effet, il n'est pas question de contester que, au sens étroit, la nature soit dans le péripatétisme quelque chose de moins complexe que l'âme. On veut seulement maintenir que, dans un sens large, auquel Aristote passe avec une facilité presque inconsciente, l'âme est aussi une nature. Si Aristote n'avait voulu tenir aucun compte des animaux comme tels, pourquoi les aurait-il opposés à leurs parties? Malgré la lettre de sa doctrine, bien représentée ici par Eudême, c'est peut-être dans l'âme qu'il cherche le type de la nature; de sorte que non seulement, comme il nous paraît l'avouer, l'âme serait une nature, mais encore que, au fond, la nature ne serait pas loin d'être une âme.

καὶ τὰ μέρη αὐτῶν, 192 b 9. Selon Alexandre (dans Simplic., 261, 29), Aristote a mentionné les parties des animaux, parce que, comme celles d'ailleurs de tous les êtres naturels, elles sont elles-mêmes des êtres naturels, tandis que les parties d'une chose artificielle ne sont plus elles-mêmes des choses artificielles : tels les pierres et le bois relativement à la maison. (De même Thémistius, 157, 11, et Philopon, 202, 23.) Mais comme le remarque Simplicius (262, 1), il faut alors prendre le mot « parties » dans le sens de composants ou éléments et, de plus, il faut s'arrêter aux éléments prochains, puisque la matière première, n'étant pas mobile, n'est plus quelque chose de *naturel*. — Peut-être Aristote veut-il dire que, après l'animal dans son tout, ce qu'il y a de plus naturel parmi les êtres, ce sont les divers organes en tant qu'informés par une des fonctions de l'âme : car il aime à rapprocher le tout animé et ses parties pour montrer que le rapport de matière à forme est le même de part et d'autre; l'œil, par exemple, est comme un corps dont la vue est l'âme. Voy. *De an.*, II, 1, 412 b 17, et Rodier, *ad loc*.... Ajoutons que dans les formules d'exemples touchant la nature ou la substance et analogues à celle qui nous occupe, l'addition de μόρια après ζῷα ou φυτά est habituelle chez Aristote. Voy. p. ex. *Méta.*, Δ, 8, 1017 b 12; Z, 2, 1028 b 9.

§ πάντα δὲ.... (192 b 12) = καὶ μὴ κατὰ συμβεβηκός (192 b 22). C'est en observant comparativement les êtres naturels et ceux qui ne le sont pas qu'Aristote va s'élever au concept de nature. « Pour trouver ce qu'est la nature, dit Philopon (195, 19), il constate (λαμβάνει) la différence des choses naturelles et de celles qui ne le sont pas : car c'est par la différence qui les distingue des choses non naturelles que les choses naturelles le sont. C'est ainsi que dans le *Traité de l'âme* (I, 2, 403 b 24), lorsqu'il a voulu obtenir la notion de l'âme, il a cherché en quoi les êtres animés diffèrent des inanimés, et il a dit que cette différence est l'âme. » (De même Thémistius, 157, 15, et Simplicius, 264, 6.) Notons seulement que, dans le *Traité de l'âme*, à l'endroit visé, il ne s'agit que d'une notion extérieure de l'âme.

καὶ στάσεως (192 b 14). En énumérant plus haut (192 b 10) les corps simples, Aristote n'a point cité l'éther. Le cinquième élément étant animé d'un mouvement circulaire éternel, la définition de la nature ne peut s'appliquer littéralement ou sans explication à la sienne. Selon Alexandre (Cf. Rodier, *Traité de l'âme*, II, 183) et Porphyre (dans Simplic., 264, 18 et 30), Aristote n'aurait voulu définir que la nature des êtres engendrés. Mais, bien que dans le *De cœlo* (I, 1, 268 b 16) les mots de στάσις ou d'ἠρεμία aient disparu de la définition, Philopon (199, 19) n'a pas tort de repousser cette interprétation restrictive : car il songe sans doute que la *Physique* est un traité général qui domine tous les ouvrages d'Aristote sur les choses naturelles, de quelque ordre qu'elles soient. Simplicius (264, 22) et Philopon (198, 19) résolvent la difficulté en disant que, dans les astres, les centres, les axes et les pôles sont immobiles; à quoi Philopon ajoute que dans le mouvement circulaire le mobile trouvant en chaque point son but aussi bien que son point de départ, peut y être dit en repos aussi bien qu'en mouvement. Peut-être une dernière interprétation du même commentateur (199, 12) mérite-t-elle la préférence. « Il est encore possible, dit-il, d'entendre la définition que la nature est un principe de mouvement et de repos en ce sens que la nature ne serait pas, dans tous les cas, un principe de repos pour ce en quoi elle est un principe de mouvement et inversement, mais qu'elle serait pour les êtres naturels une cause de mouvement et de repos, soit que les deux états se rencontrent dans un sujet ou l'un d'eux seulement. » En d'autres termes, καί aurait le sens de ἤ. Tel est précisément celui que lui donne Porphyre dans la formule κινεῖσθαι καί ἡρεμεῖν (192 b 21). Il nous dit sans doute (Simpl., 264, 27) qu'il a en vue le perpétuel mouvement du feu et non celui des astres, mais peu importe.

τὰ μὲν.... ἀλλοίωσιν. 192 b 14-15. Sur les trois sortes de mouvement et le changement voy. *Phys.*, III, 1, 201 a 9-15 et Rodier, II, 76.

ὁρμήν. 192 b 18. Tout en signalant la leçon ἀρχήν, Simplicius (265, 15) fait remarquer que ὁρμή est, dans l'espèce, le mot propre : ὁρμὴν δὲ κυρίως τὴν ἔνδοθεν ἀρχὴν ἐκάλεσε τῆς κινήσεως.

πρώτως. 192 b 22 : λέγω δὲ πρώτως τὸ προσεχῶς (Philopon, 196, 32). Voy. Bonitz, *Ind.*, 653 b 25.

L'art de gouverner les navires (ἡ κυβερνητική) n'est pas la nature du navire : car il ne réside en lui et ne le meut que par l'intermédiaire d'un être animé, le pilote (cf. Thémistius, 158, 22, dont on ne fait ici que s'inspirer librement). « Immédiatement (πρώτως) diffère d'essentiellement (χαθ' αὐτό), dit Simplicius (267, 22). Tout ce qui est essentiel n'est pas immédiat et tout ce qui est immédiat n'est pas essentiel. Si, en effet, un attribut appartient essentiellement à une chose et que celle-ci à son tour appartienne essentiellement à une autre, le premier attribut appartient essentiellement à cette dernière, mais il ne lui appartient pas immédiatement. Par exemple, l'égalité de ses trois angles à deux droits est un attribut essentiel du triangle, et à son tour la qualité de triangle est un attribut essentiel de l'isocèle. Aussi l'isocèle possède-t-il comme attribut essentiel l'égalité de ses trois angles à deux droits. En effet, en tant qu'isocèle, il est triangle, et en tant que triangle il a ses angles égaux à deux droits. La qualité de triangle et l'égalité de ses angles à deux droits sont inséparables de l'isocèle. Cependant l'égalité de ses angles à deux droits n'appartient pas immédiatement à l'isocèle, mais seulement par l'intermédiaire du triangle (οὐ πρώτῳ τῷ ἰσοσκελεῖ, ἀλλὰ διὰ μέσου τοῦ τριγώνου). Inversement, la blancheur appartient immédiatement à la surface et la vertu à l'âme : car ce n'est pas par quelque intermédiaire (δι' ἄλλου τινὸς μέσου). Cependant ces attributs ne sont pas essentiels (οὐ μέντοι χαθ' αὐτὸ ὑπάρχει ταῦτα) : car ce ne sont pas des compléments de l'essence (συμπληρωτικὰ τῆς οὐσίας) de leurs sujets et ils ne sont pas contenus dans leur définition. Il est naturel que la blancheur se sépare de la surface et la vertu de l'âme. »

χαθ' αὐτό, ibid. On vient de voir déjà que ce qui appartient χαθ' αὐτό à une chose c'est ce qui est essentiel à la chose ou au moins ce qui découle de son essence. Le κατὰ συμβεβηκός est l'opposé du χαθ' αὐτό (Bz., Ind., 714 a 20 et 50). Mais en prenant le mot συμβεβηκός dans un sens large, synonyme de ὑπάρχον, Aristote dit τὸ συμβεβηκὸς χαθ' αὐτό pour signifier l'attribut essentiel ou, pour mieux dire, l'attribut

qui résulte de l'essence (Bz., *Ind.*, 713 b 43 et 52. Cf. Rodier,
II, 7). L'expression d'attribut essentiel que nous avons
adoptée dans notre traduction à cause de sa clarté n'est
donc pas rigoureusement exacte. — Thémistius (158, 25)
rappelle, non sans à propos, que la liaison essentielle ou
par soi entre deux choses s'entend en deux sens, car c'est
tantôt le sujet qui contient l'attribut, tantôt, plus rarement, l'attribut qui contient le sujet, comme quand on dit
que l'impair est nombre (voy. *Sec. Anal.*, I, 4, 73 a 34).
« Il faut dire, écrit Thémistius, que ce n'est pas essentiellement que le navire est mû par le pilote : car ni le pilote
n'est contenu dans l'essence du navire, ni le navire dans
celle du pilote. Or ce sont là les deux espèces de la liaison
essentielle (οἵπερ ἦσαν δύο τρόποι τοῦ καθ' αὑτό). » La terre,
pourrait-on dire, contient la tendance vers le bas et la
tendance absolue vers le bas contient la terre. La tendance
vers le bas est donc doublement qualifiée pour être le moteur primordial ou la nature de la terre.

§ λέγω (192 b 22).... = αὐτοῖς (32). — Aristote, qui ne
développe pas l'idée indiquée par le mot πρώτως, s'étend
au contraire sur celle qu'expriment les mots καθ' αὑτὸ καὶ
μὴ κατὰ συμβεβηκός. Dans les choses artificielles, dit-il, le
moteur est toujours extérieur en droit et s'il est interne,
c'est par accident et non comme appartenant essentiellement à la chose. Par exemple soit un homme qui, étant
médecin, se guérit lui-même. Un homme guéri est, en
tant que guéri, une production de l'art ; or, ici, l'activité
motrice paraît interne, puisque c'est le malade même qui
cause sa guérison. Mais ce n'est pas en tant que malade
qu'il a en lui le principe de sa guérison, c'est en tant qu'il
est médecin et, d'autre part, le médecin n'est pas malade
parce qu'il est médecin (cf. Simplic., 267, 9). L'extériorité
du moteur est plus manifeste dans d'autres œuvres de

l'art telles qu'une maison et, en général, dans les objets faits de main d'homme. S'ils paraissaient présenter un mouvement d'origine interne, on en saisirait plus vite le caractère accidentel. Ce serait ici le cas de rappeler, outre les exemples indiqués plus haut (192 b 15 et 19, cf. Thé-mistius, 158, 16 : une statue d'airain, abandonnée à elle-même, tombe ; mais c'est en tant qu'airain, non en tant que statue), l'Aphrodite de l'acteur Philippe, à laquelle le vif-argent qu'elle contenait donnait une apparence de mouvement naturel, alors que le seul mouvement naturel véritable était celui du vif-argent (De an., I, 3, 406 b 18).

χωρίζεται. 192 b 26. Le fait qu'un attribut s'observe sé-paré du sujet (par exemple la qualité de médecin chez d'autres hommes que des malades) est la preuve que cet attribut n'est pas essentiel : car ce qui est essentiel doit d'abord être général. Sec. Anal., I, 4, 73 a 27 et b 25.

τῶν ποιουμένων. 192 b 27. « Ποιουμένων φησὶν ἀντὶ τοῦ δημιουργουμένων ἀπὸ τέχνης. » (Philopon, 204, 13.)

§ φύσις μὲν οὖν (192 b 32).... = κατὰ φύσιν ἐστίν (193 a 1). — Les commentateurs ne font peut-être pas assez res-sortir le but de ce paragraphe. Il semble bien être de mettre un frein à la manie de réaliser les abstractions (cf. Philopon, 205, 10). L'acte de se mouvoir vers le haut est seulement conforme à la nature du feu, ce n'est pas une nature ni quelque chose qui ait une nature. De tels actes ne sont que des attributs qu'il faut rattacher à leurs substances et les substances seules ont des natures. C'est ce qu'Aristote exprime en disant que tout ce qui possède une nature est substance, attendu, dit-il, que ce qui pos-sède une nature est toujours un sujet, qu'une nature est toujours une forme dans un sujet et que la réunion de la matière et de la forme constitue une substance. — Il ne peut être question, quoiqu'il soit vrai que la nature est en

un sens sujet et matière, d'entendre avec Alexandre (dans
Simplic., 270, 22 et 273, 8) que la nature et ce qui la possède sont l'une et l'autre des substances, ni même aucunement qu'il s'agit de présenter la nature comme un sujet. Malgré Simplicius (269, 31 ; 270, 13) les mots ὑποκείμενον
γάρ τι (192 b 33) ne peuvent pas recevoir pour équivalent
ἡ φύσις ὑποκείμενόν τι. Ils équivalent à ταῦτα γὰρ ὑποκείμενόν
τι. — Le commentaire le plus net et le plus correct du passage est celui de Thémistius (159, 16) : φύσιν δὲ ἔχει ὅσα τὴν
τοιαύτην ἔχει ἀρχήν, καί εἰσι πάντα ταῦτα οὐσία · σύνθετα γὰρ
ἤδη ἐξ ὕλης καὶ εἴδους ἐστίν · ἡ γὰρ φύσις ἀεί τι ὑποκείμενον
ἔχει καὶ ἐν ὑποκειμένῳ ἐστίν (cf. Philop., 204, 18). — Thémistius ajoute : ἐν ὑποκειμένῳ δὲ οὐχ ὡς τὰ συμβεβηκότα, ἀλλ' ὅτι
ἀρχὴ ἔνυλος καὶ οὐ τῶν καθ' αὐτὰ ἀσωμάτων (cf. Philop.,
205, 1). Cette remarque importante s'applique non seulement à la nature, mais à la forme en général. Alexandre
a plus d'une fois insisté sur ce point que la forme n'est
pas dans la matière comme un attribut dans un sujet.
Voy. Rodier, II, 167-168.

κατὰ φύσιν.... καθ' αὐτὰ (192 b 35-36). Les substances qui
possèdent une nature et d'autre part les attributs essentiels de ces substances méritent les unes et les autres la
dénomination de choses conformes à la nature : cette dénomination a donc plus d'extension que le concept de
substances possédant une nature (Thémistius, 159, 27 ;
Simplic., 270, 35 ; Philop., 200, 7).

φύσει. 193 a 1. Aristote présente ici comme synonymes
les expressions εἶναι φύσει et εἶναι κατὰ φύσιν. Cependant,
disent les commentateurs, la première a plus d'extension
que la seconde : car les monstres et les infirmités congé-
nitales sont φύσει sans être κατὰ φύσιν, puisque ce ne sont
pas choses conformes à la nature (Thémist., 159, 28 ; Simplic., 271, 7 ; Philop., 200, 10). Cette distinction paraît

étrangère à Aristote (cf. Bz., *Ind.*, 839 b 2). S'il a quelque
part regardé comme existant φύσει des choses contraires à
la nature, ce ne peut être que parce qu'il a parlé alors la
langue commune. L'idée stoïcienne, longuement dévelop-
pée par Philopon, que les monstres sont contraires à la
nature de leur espèce, mais non à la nature de l'univers,
n'a pas dû trouver place dans le Péripatétisme.

§ τί μὲν οὖν (193 a 1).... = νοεῖν δὲ μηθέν (9). — Au début
du second livre des *Derniers Analytiques*, Aristote dit que
la première question à résoudre touchant l'objet d'une
recherche, c'est de savoir s'il existe (τὸ ὅτι). Dans le présent chapitre de la *Physique*, il a commencé par chercher
ce qu'est la nature (τὸ τί ἐστι). Pour se justifier d'avoir
suivi cette marche, il explique qu'il n'y avait pas lieu de
se demander si la nature existe, parce que l'existence
d'êtres gouvernés par une nature est évidente et qu'il n'y
a même rien de plus clair (Simplic., 271, 25; Philop.,
205, 25).

ὅτι δ'ἐνδέχεται τοῦτο πάσχειν (6). « C'est-à-dire qu'il soit
possible qu'un homme dont les sens ou l'esprit sont viciés
ne sache pas reconnaître quelles sont parmi les choses
celles qui sont certaines par elles-mêmes et celles qui demandent démonstration. Comme exemple de ce cas, Aristote allègue un aveugle-né qui essaie de démontrer par
des raisonnements l'existence des couleurs. » (Philopon,
207, 8.) Peut-être Philopon se trompe-t-il en pensant que
l'aveugle d'Aristote veut démontrer l'existence des couleurs. Le contexte indique plutôt que cet aveugle entre-
prend d'établir sur les propriétés des couleurs certaines
propositions qui supposent la connaissance de l'essence des
couleurs (cf. Simplic., 272, 31). Selon Aristote, bien entendu, cette essence ne peut être saisie que par la vue et
d'ailleurs d'une manière générale (Rodier, II, 191-193), il

n'y a pas de démonstration de l'essence : on la saisit par
intuition.

§ δοχεῖ (193 a 9).... = ἀπειράχις (28). — Reprenant son
étude de l'idée de nature, Aristote va chercher en combien de sens on peut l'entendre (voy. le début du chap. 2).
Il en trouvera trois dont le premier, celui de matière, a
été adopté par les anciens philosophes (cf. Simplic., 273,
10). Comment était-on arrivé à faire consister la nature
des choses dans leur matière ? On partait de cette idée que
ce qui constitue l'essence d'une chose et, par conséquent,
lorsqu'il s'agit d'une chose naturelle, sa nature (ἡ φύσις καὶ
ἡ οὐσία 193 a 9-10, — cf. sur ce détail Simplic., 273, 15),
c'est ce qui persiste à travers toutes les modifications. Or
ce qui persiste, pensait-on, c'est le sujet ou la matière, le
sujet immédiat, la matière immédiate. Par exemple, si l'on
brise une statue, l'airain qui en était la matière première
se conserve. C'est ce qu'on observe à tous les degrés de la
hiérarchie des matières et des formes. Considère-t-on, par
exemple, l'airain ? Si on le fond, sa matière immédiate, à
savoir l'eau, subsiste. Si on brûle du bois, ce qui demeure, c'est de la cendre, c'est-à-dire de la terre, matière
immédiate du bois. (Pour les deux exemples, voy. Philopon, 208, 22, cf. Bz., *Ind.*, 760 a 14; 494 b 25.) Donc la
nature de l'airain et celle du bois, ce sont leurs matières
prochaines respectives, l'eau et la terre. Ainsi de suite en
descendant graduellement vers ce qui est le plus matériel.
Le dernier élément ou les derniers éléments dans lequel
ou dans lesquels se résolvent les êtres, voilà la nature de
ces êtres. Et en effet l'élément dernier est le permanent
par excellence ; il est éternel puisqu'il est par définition
inaccessible à tout changement, rien ne pouvant résoudre
en autre chose ce en quoi tout se résout. Les divers
aspects que l'élément revêt, étant au contraire sans cesse

changeants, ne constituent pas des natures ou essences et sont de simples modifications. — Telle est, semble-t-il, la suite des idées. Elle a échappé à Simplicius (273, 20) qui s'est laissé tromper par les mots τὸ πρῶτον ἐνυπάρχον et ἀρρύθμιστον καθ' ἑαυτό (10-11). Il a cru qu'il s'agissait du sujet dernier qui n'est plus attribut de rien (*Méta.*, Δ, 8, 1017 b 23, et Z, 3, début), c'est-à-dire de la matière première, de l'informe par soi ou absolument informe. Mais dans cette interprétation, on ne comprend plus comment vient l'exemple : οἷον κλίνης.... (11) et d'autre part l'idée de faire de la matière première le principe des choses est étrangère aux anciens philosophes selon Aristote (*Méta.* Λ, 1, 1069 a 27). Il est vrai seulement qu'ils tendaient vers cette opinion extrême et, dans notre passage, la suite des idées nous achemine vers l'identification de la nature avec la matière première ; mais il ne faut pas faire du terme le point de départ. Philopon (212, 5) a été mieux inspiré que Simplicius. Voici en effet de quelle explication il fait suivre les mots τὸ πρῶτον ἐνυπάρχον ἀρρύθμιστον καθ' ἑαυτό : « C'est-à-dire la matière. C'est elle en effet qui est ce qui dans sa notion propre est informe (τὸ κατὰ τὸν ἑαυτοῦ λόγον ἀρρύθμιστον). Car la matière qui est le sujet de chaque chose a beau être prochaine et déjà informée, elle est pourtant informe par rapport à la forme qui s'ajoute à elle : le bois, par exemple, est informe par rapport à la forme de la tablette et à celle du lit. »

Ἀντιφῶν (12). Voy. Zeller, tr. fr., II, 477. — Il doit être bien entendu qu'Aristote ne peut approuver que sous un certain rapport et non absolument les paroles d'Antiphon. Les vivants ou leurs parties peuvent sortir de la matière, en ce sens qu'ils se dégagent d'un germe qui est surtout puissance et matière, et même que leur naissance peut avoir pour condition une putréfaction ; mais la putréfac-

tion ni le germe même ne rendent pas compte de tout le
phénomène. Non seulement il faut, comme on le verra
tout à l'heure, faire sa part à la forme vers laquelle tend
l'être qui naît, mais encore le germe vient d'un être com-
plet. (Voy. notamment *Générat. des anim.*, II, 1, 734 a 29,
et *Phys.*, VII, 3, 246 a 4). Une réserve doit être faite, il
est vrai, à cause des générations spontanées (Voy. Rodier,
II, 227). Mais il n'est question, dans notre passage, que
des reproductions où il y a un générateur. Au reste, il est
clair qu'une forme artificielle ne peut pas engendrer.
Voy. plus bas, 193 b 8.

νόμον (15). Simplic., 275, 3 : τινὲς δὲ ἀντὶ τοῦ κατὰ νόμον
διάθεσιν τὴν κατὰ ῥυθμὸν γράφουσι · καὶ ἔστι τοῦτο γνωριμώτερον ·
ῥυθμὸς γὰρ ἡ μορφὴ λέγεται. — Philop., 213, 6 : γράφεται δὲ
καὶ τὴν κατὰ ῥυθμὸν διάθεσιν · κατά τινα γὰρ συμμετρίαν τῆς τῶν
μερῶν πρὸς ἄλληλα ἀναλογίας τὸ εἶδος ἀποτελεῖται τῆς κλίνης.
εἰ δὲ εἴη τὴν κατὰ νόμον, σημαίνει τὴν θέσει καὶ μὴ φύσει διάθεσιν ·
ὡς γὰρ δοκεῖ τῷ τεχνίτῃ, διατίθησι τῶν τεχνητῶν τὰ σχήματα οὐ
φύσει ὄντα, ἀλλ' ἐπινοίᾳ καὶ νόμῳ προαιρέσεως γινόμενα.

ταὐτὸ τοῦτο πέπονθεν (18). — Philop., 208, 11 : « De sorte
que si, à son tour, la matière du lit, je veux dire le bois,
n'est pas une chose simple, mais est composée d'un sujet
et d'une forme et tombe sous le même rapport que le bois
à l'égard du lit (καὶ πέπονθε τὸν αὐτὸν λόγον ὅνπερ τὸ ξύλον
πρὸς τὴν κλίνην), le sujet et la matière du bois en constituera la nature. » — Simplic., 274, 15, entend : Si le bois,
comme tout à l'heure le lit, périt à son tour dans une
transformation et que sa matière subsiste seule, etc. Mais
cette interprétation lui est imposée par sa méprise initiale sur le πρῶτον ἐνυπάρχον.

οἱ δὲ γῆν (21). Simplicius, 274, 25, a raison de remarquer
(c'est dit en propres termes dans le *De an.*, I, 2, 405 b 8)
qu'aucun des physiologues n'a pris la terre comme élé-

ment premier des choses, et qu'Aristote, en écrivant le mot, s'est laissé emporter par le courant de son énumération.

τὰ δὲ ἄλλα..., διαθέσεις (25-26). Simplicius, 274, 27, dit que les anciens appelaient διαθέσεις les πάθη εὐαπόθλητα et ἕξεις les πάθη μόνιμα. Telles sont, en effet. les distinctions de la terminologie aristotélicienne (Voy. Bz., *Ind.*, 179 a 46); mais ce n'est pas sans abus qu'Aristote les aurait prêtées à ses devanciers.

§ ἕνα μὲν οὖν (193 a 28).... = ἄνθρωπος (193 b 12). — En un second sens, la nature, c'est la forme. Aristote va le prouver par trois arguments qui, selon la juste remarque de Philopon (209, 29), n'ont pas été aussi nettement distingués par l'auteur que par les commentateurs. De fait, le second argument ne diffère du premier qu'en ce qu'il considère les choses naturelles en elles-mêmes, tandis que le premier fait intervenir une comparaison avec les choses artificielles. — Premier argument (ὥσπερ γάρ 193 a 31.... = καὶ τὸ εἶδος. 193 b 4) : lorsqu'il s'agit des choses artificielles, nous ne disons pas qu'il y a de l'art dans un objet, qu'il y a en lui de l'habileté technique, qu'il porte la marque de l'art, tant qu'il n'est qu'en puissance, tel un lit qui n'est encore que des planches ; mais nous appliquons toutes ces qualifications à l'objet quand il est en acte ce qu'il doit être, lit ou table ; faisons de même pour les choses naturelles, attendons pour leur reconnaître le caractère de choses naturelles, qu'elles soient en acte ce qu'elles doivent être, chair ou os ; dès lors, puisque l'être en acte c'est l'être informé, il est clair que chaque chose naturelle le sera par sa forme, que ce sera la forme qui constituera la nature. — Second argument (καὶ μᾶλλον, 193 b 6.... = ὅταν δυνάμει, 8) : « Chaque être est ce qu'il est lorsqu'il est en acte, par conséquent

les choses naturelles sont naturelles lorsqu'elles sont en
acte; or un être est en acte lorsqu'il possède sa forme,
donc les choses naturelles sont naturelles lorsqu'elles
possèdent leur forme; mais ce dont la présence fait que
les choses naturelles sont naturelles est leur nature, et
c'est par la présence de la forme que les choses naturelles
sont naturelles; donc, c'est la forme qui est la nature. »
(Alexandre dans Simplic., 277, 31.) — Troisième argument (ἔτι γίνεται, 8.... = ἄνθρωπος, 12) : La nature c'est le
permanent; or, dans la génération, c'est la forme qui
demeure; donc c'est la forme qui est la nature. Nous
reviendrons tout à l'heure sur le passage consacré à cet
argument. — Intimement unie avec le second argument et
indiquée par le mot μᾶλλον est la remarque que les choses
en puissance ont aussi une nature : par exemple, la chair
ou l'os en puissance a déjà jusqu'à un certain point la
nature de la chair ou de l'os, et ainsi la matière est nature, bien qu'à un moindre degré que la forme. — Une
autre remarque incidente mais capitale est exprimée par
le membre de phrase οὐ χωριστόν.... λόγον (193 b 4-5). La
forme n'est pas transcendante, comme l'idée platonicienne;
elle est immanente, toute notionnelle qu'elle soit. En
effet, Platon a voulu expliquer la génération et le mouvement par l'idée, et il y a pour lui idée de toutes les choses
naturelles (Voy. Bz., Ind., 599 a 36); mais il est impossible que l'essence et son sujet, que la nature et son sujet
soient séparés (ἀδύνατον εἶναι χωρὶς τὴν οὐσίαν καὶ οὗ ἡ οὐσία),
de sorte que l'explication du devenir par les idées donnée
dans le *Phédon* tombe (*Méta.*, Λ, 9, 991 b 1; M, 5, 1079 b 35;
cf. *De gen. et corrupt.*, II, 9, 335 b 7). Sur l'expression κατὰ
τὸν λόγον, au sens où elle figure à la ligne 5, voy. Bz., *Ind.*,
860 a 21 et 434 2 43. — Enfin, une dernière remarque
suit la précédente (τὸ δ' ἐκ τούτων.... ἄνθρωπος, 193 b 5-6). La

nature, c'est surtout la forme, c'est encore, à un moindre degré, la matière; quant au composé de la matière et de la forme, personne ne songe ni ne peut songer à l'appeler une nature : c'est une chose naturelle dans laquelle la nature est incluse (cf. Simplic., 277, 12).

ἡ μορφή.... = λόγον (193 a 30-31). τὸ εἶδος.... ὀστοῦν (193 b 1-2). — Il est bien difficile de trouver en français à côté du mot forme un autre mot pour rendre μορφή à côté de εἶδος. Celui de figure exprimerait trop manifestement et trop exclusivement l'apparence extérieure des objets. Il faut d'ailleurs le réserver pour traduire σχῆμα. Simplicius (276, 27) a employé τύπος dans son explication de μορφή et εἶδος : il est vrai que c'est la forme au sens interne qu'il appelle μονοειδῆ τύπον, et il faut avouer que le mot type, en français, éveille surtout l'idée des caractères internes. Il reste bien en lui pourtant quelque chose de sa signification de contours. Simplicius (276, 24) commente d'ailleurs de la façon la plus claire les deux passages qui nous occupent. « La forme (εἶδος) a deux sens, l'un celui de contours (μορφή), l'autre celui de notion qui est celui que nous lui donnons [il faut lire dans le texte de Simplicius : λόγον, ὃν ὁριζόμενοι.... et non, avec Diels, λόγον ὄν, ὁριζόμενοι. Cf. Philop., 215, 8] quand nous définissons l'essence de chaque chose; le premier se rapporte aux contours seuls, c'est-à-dire à la figure, à la couleur, à la grandeur de la surface; le second à la notion, c'est-à-dire à ce type unique et sans pareil (μονοειδῆ τύπον) que développe la définition et qui, comme le nom, est coextensif à la définition (συντρέχει τῷ ὁρισμῷ). La forme en ce sens comprend d'ailleurs les contours (μορφήν) eux-mêmes. C'est cette forme-là, la forme dans le sens de notion, qu'il appelle la nature. »

αὕτη (193 b 6). Il faut entendre : αὕτη ἡ μορφή ἐστι φύσις ou αὕτη ἡ φύσις ἐστὶ φύσις.

ἔτι γίνεται.... = ἄνθρωπος (193 b 8-12). La première chose
à faire à propos de cet endroit difficile est d'en améliorer
le texte. Tous les manuscrits, y compris E, donnent comme
Bekker et Prantl le mot τέχνη à la ligne 11. Mais Simplicius
(278, 30) ne l'a pas lu et n'en soupçonne pas l'existence :
εἶπεν · εἰ δὲ ἀρχ τοῦτο, καὶ ἡ μορφὴ φύσις. Si Thémistius (163,
18) et Philopon (209, 31) n'indiquent ni expressément ni
implicitement quel était leur texte, reste du moins qu'ils
ne parlent d'aucune difficulté, alors que la présence du
mot τέχνη en crée une inextricable. Il est donc constant
que le vrai texte est celui de Simplicius. Peut-être peut-on
conjecturer, mais cela est accessoire, que les copies des
anciens portaient : ξύλον, τέχνη γάρ ou τέχνη γάρ ou plutôt
τεχνικὸν γάρ, leçons que les commentaires ne nous obligent
pas, mais nous engageraient presque à supposer. On peut
penser encore que le mot τέχνη a été à l'origine une glose
marginale. Le point essentiel est qu'il faut le supprimer
entre τοῦτο et καὶ, ce qui rend tout de suite le passage
beaucoup plus facile à comprendre. La suppression opérée,
on voit aussitôt que la parenthèse introduite par Prantl
dans le texte doit être placée autrement : il faut l'ouvrir
avant ἀλλ' οὐ κλίνη (9) et la fermer après οὐ κλίνη ἀλλὰ
ξύλον (11). L'autorité du seul manuscrit E ne suffit pas
pour autoriser le retranchement des mots ὅτι.... ξύλον
(10-11), car elle est contredite par celle de Simplicius
(278, 11), dont voici le commentaire : εἰ γένοιτο βλάστησις,
οὐ κλίνη ἂν βλαστήσειεν ἀλλὰ ξύλον ἐκ ξύλου. La leçon γίνεται
γ' à la ligne 12 est fondée aussi sur la seule autorité du
manuscrit E, alors que Simplicius (277, 20) dit positive-
ment qu'il a lu γάρ. — Maintenant, pour achever d'éclaircir notre passage, c'est-à-dire le troisième argument par
lequel Aristote établit que la nature consiste dans la forme,
il suffira sans doute de reproduire l'interprétation de

Simplicius (278, 10). « En outre, dit Aristote, si pour soutenir que la matière et non la forme constitue la nature on se fonde sur cette raison que quand on enfouit un lit et qu'il y a bourgeonnement, c'est du bois qui pousse sur le bois et non un lit, puisque, d'autre part, d'un homme il naît un homme et qu'un homme est homme par sa forme, on devra avouer que c'est la forme qui est la nature. Sans doute d'un lit il ne naît pas un lit, mais d'un homme il naît un homme comme du bois il naît du bois, et, d'une manière générale, si les choses artificielles ne naissent pas les unes des autres, les choses naturelles naissent ainsi. Et puisque cela est, il fallait se régler sur les choses naturelles et dire que c'est la forme qui est la nature et non le nier en s'autorisant des choses artificielles. L'art, en effet, ne rend pas les formes capables d'engendrer leur semblable; mais il en est autrement de la nature. Car le bois a beau être la matière du lit, il est aussi une forme naturelle et, de ce chef, il est capable d'engendrer son semblable. Malheureusement, en commençant par énoncer les mots γίνεται ἄνθρωπος ἐξ ἀνθρώπου qui devaient servir d'achèvement à sa phrase, Aristote l'a rendue obscure. [Simplicius veut dire sans doute qu'Aristote aurait dû n'énoncer qu'une seule fois la proposition dont il s'agit, au lieu de la mettre et à la fin et au commencement de son argument]. Mais voici la marche régulière du discours : un homme naît d'un homme, une forme naturelle d'une forme naturelle, quoique d'une forme artificielle, il ne naisse pas une forme artificielle; or, c'est ce dernier point qu'on a considéré pour dire que ce n'est pas la forme qui est la nature; mais il fallait plutôt considérer les choses naturelles pour les voir engendrer des êtres de même forme qu'elles, et si cette manière d'engendrer est le propre de la nature, il fallait dire que c'est la forme qui est la nature;

car si pour penser que la matière est la nature on se fonde sur ce que la matière persiste dans la génération du bois par le bois, comme la forme persiste, elle aussi, dans ce cas, il fallait penser que la forme est la nature. Remarquons, pourtant, que quand un homme naît d'un homme, la forme naît de la forme, mais que ce n'est pas le composé de la matière et de la forme qui naît du composé. A moins que ce ne soit à cause de cela [c'est-à-dire parce qu'Aristote aurait admis qu'un homme tire sa matière comme sa forme de l'homme qui l'engendre] qu'il a dit : εἰ δ'ἄρα τοῦτο, καὶ ἡ μορφὴ φύσις, c'est-à-dire : « mais s'il en est ainsi [si la matière en général, comme le bois dans l'exemple, persiste dans la génération], la forme est nature, elle aussi », entendant par là que, dans le composé, il y a aussi la forme. » — L'explication des mots εἰ δ'ἄρα.... φύσις que Simplicius propose à la fin du morceau que nous venons de traduire nous paraît forcée. Il nous semble, nous l'avons dit, que tout ce qui précède les mots en question, depuis ἀλλ' οὐ κλίνη (9), doit être mis entre parenthèses. Dès lors, ils font suite immédiate à ἔτι γίνεται ἄνθρ. ἐξ ἄνθρ., au lieu de se rapporter à ἀλλὰ τὸ ξύλον, et le mot καὶ dans καὶ ἡ μορφὴ signifie *encore;* c'est-à-dire : si l'on considère ce troisième argument, il en résulte *encore,* comme des deux précédents, que c'est la forme qui est la nature.

§ ἔτι δ'ἡ φύσις (193 b 12).... = μορφὴ φύσις (18). — Selon Simplicius (278, 35) qui, à la différence de Philopon que nous avons suivi, compte dans le paragraphe précédent deux arguments au lieu de trois, le paragraphe présent a pour objet unique de prouver par un troisième argument que c'est la forme qui est la nature. Or l'existence d'un argument de cette espèce est ici incontestable, puisque Aristote conclut expressément à la ligne 18 : ἡ ἄρα μορφὴ φύσις. Mais Philopon (210, 33) n'a sans doute pas tort de penser (cf. d'ailleurs Simplicius lui-même, 284, 5) que, à côté de cet argument qui doit, pour lui et pour nous, s'appeler le quatrième, se trouve indiquée la distinction d'un troisième sens du mot φύσις. Φύσις ne signifie pas seulement ὕλη et εἶδος, mais encore τὸ φύεσθαι. Dans ce dernier sens φύσις c'est, pour ainsi dire et pour forger le mot, φύσανσις (Philop., 211, 8). On dit d'une façon analogue ὑγίανσις, θέρμανσις, ἅδρυνσις, λεύκανσις. Il faudrait pouvoir dire, en français, *naturation* par analogie avec dénaturation, maturation, saturation, etc. Mais quand il serait permis de donner un tel équivalent à φύσις pour φύσανσις, d'autres mots sans équivalent se rencontrent dans le passage d'Aristote, de sorte qu'il est intraduisible. Quoi qu'il en soit, le but principal de ce passage est de montrer que φύσις (= φύσανσις) aboutissant à φύσις (= nature), c'est la forme qui est la nature. En effet, la nature est le terme du processus de génération et de croissance; mais le terme n'est pas identique au point de départ, il en est même l'opposé. Or, sous-entend Aristote (Simplic., 279, 30), le point de départ, c'est la matière, et le terme, c'est la forme. Donc, conclut-il, c'est la forme qui est la nature.

οὐ γὰρ ὥσπερ.... = τὴν ἰάτρευσιν (13-16). — Les termes qui expriment, dans les cas particuliers, l'idée désignée d'une façon générale par φύσις (= φύσανσις), ne dérivent pas tous sans doute du nom de l'état final où tend et se fixe l'être après la phase de génération et de croissance. Ainsi, le passage à la santé, qu'on peut d'ailleurs appeler également ὑγίανσις, est signifié par le mot ἰάτρευσις, et ce mot, bien loin de dériver de celui qui désigne le terme du processus, c'est-à-dire de ὑγίεια, est pris d'un nom qui s'applique à ce dont provient la santé, savoir à la cause efficiente, sinon au sujet et à la matière de la santé. ἰάτρευσις dérive

de ἰατρική et ἰατρική est le nom de l'art qui est la cause efficiente de la santé. Mais cette exception vient seulement
de ce que le langage n'est pas toujours adéquat à la pensée et il n'en reste pas moins que, à regarder les choses,
non les mots, c'est vers la forme que tendent toute génération et toute croissance. En écrivant cette dernière
phrase, nous suivons, pour le fond, Simplicius (279, 19).
L'interprétation de Philopon (216, 11) (et peut-être de
Thémistius — 164, 16 ; — le texte semble en mauvais
état) est plus séduisante, mais on peut craindre que le langage ne lui donne des démentis. Ce serait seulement quand
il s'agit des choses artificielles que le processus de génération pourrait emprunter son nom soit, comme quand il
s'agit des choses naturelles, à celui de la forme (ὑγίεια,
ὑγίανσις), soit, ce qui serait propre et caractéristique en
l'espèce, à celui de la cause efficiente (ἰατρική, ἰάτρευσις).
De cette façon, la correspondance parfaite du langage et
de la pensée, généralement admise et utilisée par Aristote,
serait maintenue.

ἢ φύεται (17). On peut dire avec Philopon (217, 9) que
les deux leçons ἢ (c'est-à-dire : φύεται, est synonyme de
εἰς τὶ ἔρχεται) ou ᾗ (en tant que) sont admissibles. Le passage correspondant de Simplicius (279, 32) ne permet pas
de décider sûrement quelle a été sa leçon. C'est peut-être
plutôt ᾗ, quoi qu'en pense Diels.

§ ἡ δέ γε μορφή.... (193 b 18) = fin du chap. — Il y a des
générations qui vont plutôt vers la négation de la nature
et vers la privation que vers la nature et vers la forme :
si cependant on donne le nom de nature et de forme au
terme de ces générations, il faut donc que la privation soit
forme à sa manière. Forme à sa manière, la privation devient
une forme opposée à une autre forme, un contraire opposé
à un contraire. Faut-il donc dire que, dans la génération

absolue elle-même, il y a un contraire à l'être engendré ?
— Sur le sens littéral de la dernière phrase, Thémistius
(164, 24) et Philopon (218, 12) sont d'accord avec Simplicius. « εἰ τοίνυν, αἱ στερήσεις, dit Philopon, ἐξ ὧν αἱ οὐσίαι
γίνονται ἐναντίαι εἰσὶ τοῖς γινομένοις, ὕστερον ἐπισκεψόμεθα. »
Mais Simplicius seul (280, 3) a commenté philosophique-
ment le passage. Il commence par montrer comment Aristote peut dire que la privation est forme en quelque manière. Elle est forme en quelque manière soit en tant que
l'on désigne par le mot privation celui des deux contraires
qui a le moins d'être, car ce contraire a encore de l'être
(par exemple le noir, le froid, etc. Voy. *Méta.*, Γ, 2, 1004
b 26 : τῶν ἐναντίων ἡ ἑτέρα συστοιχία στέρησις ; *De Gen. et
Corr.*, I, 3, 318 b 14) ; soit parce que, donnée dans le sujet
apte à posséder la forme (Voy. *Méta.*, Δ, 22, 1022 b 23 ;
ἕνα δ' [scil. στέρησις λέγεται τρόπον] ἐὰν πεφυκὸς ἔχειν ἢ αὐτὸ ἢ
τὸ γένος, μὴ ἔχῃ.... καὶ ὅτε πέφυκεν), elle enveloppe l'aptitude
à la forme ; soit enfin parce qu'elle est, comme la forme,
par rapport au sujet qu'elle qualifie, une détermination
(Voy. *Méta.*, Δ, 12, 1019 b 8 : ὁτὲ μὲν δὴ τῷ ἔχειν τι δοκεῖ [le
sujet de δοκεῖ est τὸ φθειρόμενον], ὁτὲ δὲ τῷ ἐστηρῆσθαι τοιοῦτον
εἶναι · εἰ δ' ἡ στέρησίς ἐστιν ἕξις πως, πάντα τῷ ἔχειν ἂν εἴη τι,
....εἰ ἐνδέχεται ἔχειν στέρησιν. Cf. Alex., *ad loc.*; Scholl.,
711 a 21 : ἕξις οὖν πως καὶ ἡ στέρησις · οὐχ ἁπλῶς γὰρ ἕξις,
εἴγε ἐστὶν ἕξεως στέρησις, ἀλλ' οὕτω; ἕξις, ὡς εἶπον, τῷ ποιά τις
διαθέσις εἶναι τοῦ ὑποκειμένου.) Mais, continue Simplicius, si
la privation est forme, l'opposition suprême n'est plus,
comme il est dit au livre Iᵉʳ de la *Physique* [9, 192 a 16 ?],
celle de l'habitude et de la privation ; ce sera celle de
forme à forme, c'est-à-dire des contraires [Voy. la définition des contraires dans Bonitz, *Ind.*, 246 b 48]. Dès lors
la génération partira non plus de la privation, mais d'une
forme (contraire) et il faudra professer que toute généra-

tion, sans exception, va du contraire au contraire. Que
devient donc la génération de la substance, génération
dont Aristote affirme l'existence ? La génération de la
substance étant absolue, la substance semble ne pouvoir
naître que du non-être absolu et, du reste, Aristote professe que la substance n'a pas de contraire [*Catég.*, 5, 3
b 24]. C'est là le problème dont Aristote renvoie ici la solution à un autre ouvrage [au *de Gen. et Corr.*, I, 3, selon
Bonitz, *Ind.*, 98 a 31 ; cf. Philopon, 218, 13 : καὶ ὑπερτίθεται
τοῦτο ἐν τῷ Περὶ γενέσεως καὶ φθορᾶς βιβλίῳ, ἐν ᾧ δείκνυσιν ὅτι
πάντως πᾶσα γένεσις ἐξ ἐναντίων, καὶ τίνα τὰ ἐναντία καὶ πόσα ἐξ
ὧν αἱ γενέσεις]. Il le résout en disant que la substance,
comme composé de la matière et de la forme, comporte
seulement une génération partielle et non une génération
absolue. La matière, en effet, est éternelle et, par conséquent, la substance en tant que matière n'est pas engendrée [Cf. *Phys.*, I, 9, 192 a 25]. Ce qui est engendré c'est
plutôt la forme. Par exemple, dans la génération du feu,
ce qui est engendré, ce n'est pas le sujet du chaud, du sec
et de la tendance vers le haut, ce sont ces trois déterminations. Et comme, si la substance en tant que composé
de la matière et de la forme n'a pas de contraire, la substance en tant que forme et, par exemple, en tant que
chaude, sèche et tendant vers le haut en a un, il se trouve
que, entendue comme génération de la forme, la génération de la substance va d'un contraire à un contraire.
Mais, dira-t-on, la forme est substance à sa façon [une
substance seconde, comme disent les *Catég.*, 5, 2 a 14] et,
dès lors, est-il bien vrai que la forme, comme telle, comporte un contraire et soit, par suite, susceptible de génération ? La réponse est que la forme est ingénérable en elle-
même, mais qu'elle est susceptible d'être engendrée quant
à ses parties. Par exemple, la forme du feu, c'est-à-dire la

chaleur, la sécheresse et la tendance vers le haut, en tant qu'indivisiblement unies en un tout, est ingénérable ; mais chacune de ces déterminations, prise à part, peut être engendrée, car chacune a un contraire. Une fois qu'elles sont toutes engendrées, la forme du feu, dont elles sont les conditions, est ou existe sans génération.

Tel est, en résumé, le commentaire que Simplicius donne de notre passage. La difficulté que ce passage soulève et la réponse qu'on doit penser qu'Aristote y a faite paraissent, l'une et l'autre, bien comprises. Quelles que soient les obscurités et les incertitudes de la doctrine aristotélicienne de l'opposition (voy. Bonitz, *Ind.*, aux mots ἀντικεῖσθαι et στέρησις), il semble bien que la marche de la pensée d'Aristote soit ici la suivante : l'opposition de l'habitude et de la privation est, en principe, celle d'une affirmation déterminée et d'une négation déterminée, du oui et du non dans les limites d'une matière, d'un sujet, ou, logiquement parlant, d'un genre (*Méta.*, I, 4, 1055 b 7 : ὥστ' ἔστιν ἡ στέρησις ἀντίφασίς τις ἢ ἀδυναμία διορισθεῖσα ἢ συνειλημμένη τῷ δεκτικῷ) et, ainsi entendue, l'opposition de l'habitude et de la privation se confond à peu près avec celle des contraires, puisque ceux-ci sont précisément les extrêmes qui s'excluent l'un l'autre dans un même genre (*Catég.*, 6, 6 a 17 : τὰ γὰρ πλεῖστον ἀλλήλων διεστηκότα τῶν ἐν τῷ αὐτῷ γένει ἐναντία). La privation, c'est le contraire qui a le moins d'être ; l'habitude, c'est le contraire qui en a le plus. Avec l'habitude et la privation prises en ce sens, on constitue sans peine les extrêmes entre lesquels se déroulent les mouvements proprement dits (translation, accroissement et décroissement, altération). Mais des extrêmes pareils suffisent-ils encore quand il s'agit de la génération et de la corruption au sens propre, de la génération et de la corruption absolues ? La privation d'une substance, ne sera-ce pas le non-être absolu, un contradictoire et non plus un contraire de la substance ? Aristote répond, dans le chapitre du *De Gener. et Corrupt.* : La difficulté n'est que spécieuse. La génération et la corruption absolues ne sont pas absolues en réalité. Jamais il ne saurait y avoir passage du non-être pur à l'être, ni inversement : la génération d'une substance est toujours la corruption d'une autre et réciproquement, car la matière est éternelle. Seulement une génération est dite absolue : 1° quand elle va vers le plus formel ; 2° quand c'est la forme qui est engendrée. 1° Parménide disait que le feu est être et que la terre est non-être : il faut dire au moins que le feu a plus d'être et la terre moins d'être ou, en d'autres termes, que le feu est quelque chose de plus formel, la terre quelque chose de moins formel ; et dès lors la génération du feu, en conséquence d'une corruption de la terre, méritera d'être appelée une génération absolue, précédée d'une corruption partielle, tandis que la génération de la terre, en conséquence d'une corruption du feu, méritera d'être appelée une génération partielle, précédée d'une corruption absolue (*De Gen. et Corr.*, I, 3, 318 a 35). 2° En se réglant sur les considérations dont nous venons de parler, on pourrait dire, prenant les mots de génération et de corruption dans un sens large et les appliquant par exemple dans la catégorie de la qualité, que, chez un homme qui devient savant, la génération de la science, en conséquence de la corruption de l'ignorance, est une génération absolue précédée d'une corruption partielle. Mais le vrai nom de la génération et de la corruption dans la catégorie de qualité c'est altération, et la génération et la corruption absolues, c'est-à-dire ici proprement dites, sont celles de la substance, alors que, dans la matière qui demeure, une forme nouvelle est engendrée ou corrompue (*De Gen. et Corr.*, I, 3, 319 a 18). — Aristote ne s'est pas posé explicitement, dans le chapitre du *De Gener. et Corr.*, l'objection que la forme même, étant substance, n'a pas de contraire et dès lors ne peut être engendrée ; mais il professe ailleurs (*Méta.*, Z, 8 déb.) que la forme n'est pas moins ingénérable que la matière et, dans le chapitre même du *De Gen. et Corr.*, il dit, ce qui justifie jusqu'à un certain point la réponse de Simplicius, « que les contraires sont les attributs (ὑπάρχει) des éléments, feu, terre, eau, air. » Cf. d'ailleurs *Phys.*, VII, 3, 246 b 12 : φανερὸν ὅτι οὐδ' αἱ ἕξεις οὐδ' αἱ τῶν ἕξεων ἀποβολαὶ καὶ λήψεις ἀλλοιώσεις εἰσίν, ἀλλὰ γίγνεσθαι μὲν ἴσως αὐτὰς καὶ φθείρεσθαι ἀλλοιουμένων τινῶν ἀνάγκη, καθάπερ καὶ τὸ εἶδος καὶ τὴν μορφήν, οἷον θερμῶν καὶ ψυχρῶν ἢ ξηρῶν καὶ ὑγρῶν.

CHAPITRE II

---

§ début = χωριζόντων (193 b 35). Comme le dit très bien Philopon (219, 1), Aristote se propose, dans le chapitre II (cf. 194 b 14), de distinguer le physicien du mathématicien et du théologien. Mais comment est-il amené à s'occuper de cette distinction? Est-ce simplement, ainsi que le croit Philopon, par le fait que la physique étant évidemment une science théorique, il y a lieu de rappeler que la science théorique se divise en trois parties : Mathématiques, Physique et Théologie (cf. Bz., *Ind.*, 835 a 38)? Peut-être pourrait-on dire qu'après avoir présenté l'objet propre du physicien, la nature, comme consistant soit dans la matière, soit dans la forme, quoique surtout dans

la forme, Aristote avait à expliquer comment le physicien
est obligé, à la différence du mathématicien qui ne considère que des formes vides, et du théologien qui considère
des formes immatérielles, d'étudier des formes lui aussi
sans doute, mais des formes engagées dans la matière. —
Pour commencer de bien marquer ce caractère concret de
la physique, il importait de renvoyer tout d'abord le mathématicien à ses abstractions, et de ne pas souffrir qu'il
se présentât comme étudiant une partie de la physique ;
et telle est en effet la tâche à laquelle est consacré le commencement du chapitre. C'était une opinion courante
(Philop., 209, 12) que la physique avait pour objet l'étude
des substances et les mathématiques celle des attributs, ou
plutôt, sans doute, d'un certain ordre d'attributs : les
nombres, les figures et les mouvements. Mais, d'après
cette manière de voir, les mathématiques, au lieu de se
distinguer de la physique, y rentreraient, car les lignes
et les figures sont les limites des corps, c'est-à-dire quelque chose de physique, et on aperçoit plus clairement
encore que l'astronomie ne pourrait que se confondre
avec la science de la nature. D'abord, en effet, il serait
irrationnel d'admettre que le physicien pût traiter de la
nature des astres sans rien dire des mouvements qu'ils
accomplissent et des positions qu'ils occupent, car après
avoir dit que les astres sont faits du cinquième élément,
le physicien n'aurait rien à ajouter pour les distinguer les uns des autres (cf. Simplic., 202, 32). Ensuite,
les faits déposent dans le même sens, car on peut constater que les physiciens parlent des figures et des mouvements des astres. Ce n'est donc pas parce que les figures
et les mouvements des corps sublunaires et des astres
relèveraient exclusivement de lui que le mathématicien
se propose un autre objet que le physicien. L'un et l'autre

étudient les figures et les mouvements ; mais, au lieu d'y voir, comme le physicien, des limites de corps naturels s'il s'agit des figures et, s'il s'agit des mouvements, des suites de telle ou telle nature et substance (le feu se mouvant vers le haut en tant que feu, la terre vers le bas et l'éther circulairement), le mathématicien considère les unes et les autres à part de leurs sujets. En un mot, il étudie les figures en tant que figures et les mouvements en tant que mouvements.

ἔτι ἡ ἀστρολογία (193 b 25). Avant Bekker, le texte était : ἔτι δ' εἰ ἡ ἀστρολογία, et ainsi a lu Argyropule : « Et insuper si astrologia diversa sit facultas an pars scientiæ naturalis. » Mais cette leçon est étrangère à tous les manuscrits de Bekker, et celle de Philopon (222, 16) est ἔτι δὲ ἡ ἀστρολ. Toutefois, rien n'empêche de maintenir à la phrase un sens interrogatif, à défaut duquel la suite des idées échapperait. Nous proposons donc de mettre un point d'interrogation après φυσικῆς. — Simplicius (293, 10) et Philopon (222, 17) nous apprennent que, de leur temps, on distinguait entre ἀστρονομία et ἀστρολογία, ce que ne faisaient pas les anciens Grecs, parce que, dit Simplicius, l'astrologie judiciaire leur était inconnue.

φαίνονται (193 b 28). Sur le sens de φαίνεσθαι, voy. Bz., *Ind.*, 808 b 37, 809 a 34 et 51. Philopon (223, 10) distingue avec raison, dans le texte d'Aristote, deux arguments, l'un ἐκ τοῦ λόγου (εἰ γὰρ.... ἄτοπον, 193 b 26-28) et l'autre ἐκ τῆς ἐναργείας (ἄλλως τε καὶ.... ἢ οὔ, 28-30).

λέγοντες οἱ περὶ φύσεως (28-29). Aristote ne s'est pas fait faute, comme on sait, de parler des mouvements des astres et des autres corps, et on sait aussi qu'il déduisait la trajectoire de ces mouvements de la considération des substances et de leur nature. Mais il subordonne les figures elles-mêmes à ce qu'il regarde comme des données physiques. C'est ainsi qu'il déduit la sphéricité du premier ciel de principes tels que les suivants : la sphère est la première, la sphère est la plus parfaite des figures (*De cœl.*, II, 4 déb. Cf. Simplic., 291, 18). Par antithèse avec ces conceptions physiques confuses et mystérieuses, on a eu dans l'école d'Aristote une conception assez claire, non seulement des mathématiques pures (cela va de soi), mais encore de l'astronomie. Par exemple, Philopon (221, 2) fait ressortir, d'une manière assez forte, que les démonstrations de l'astronomie sont universelles, parce qu'elles portent exclusivement sur l'aspect mathématique des phénomènes : « Dans son ouvrage sur la démonstration [Le passage des *Seconds Analytiques* auquel Vitelli renvoie, I, 31, 87 b 38, est loin de contenir explicitement ce que rapporte Philopon; on trouverait quelque chose de plus approchant peut-être I, 8, 75 b 33]. Aristote, après avoir montré que la démonstration porte sur l'universel et qu'on ne démontre pas le particulier, se demande si l'astronomie est bien une science démonstrative, puisque tout ce qui est dit sur les éclipses de soleil ou de lune et sur les mouvements des autres astres est énoncé sur des sujets particuliers, le soleil, la lune, un autre astre, telle ou telle sphère. Pour résoudre la difficulté, il dit que l'astronome, tout en parlant de sujets particuliers, ne les considère pas comme particuliers et étudie les phénomènes qu'ils présentent, comme si ces sujets étaient universels. Ainsi, lorsqu'on montre que la rencontre du soleil et de la lune produit une éclipse de soleil, et telle situation des trois astres une éclipse de lune, la démonstration ne signifie pas que les choses se passent de cette manière, parce qu'il y a un seul soleil et une seule lune, mais que, quand il y aurait mille soleils et autant de lunes, les mêmes faits auraient lieu. De même donc que l'astro-

nome, en étudiant les phénomènes que nous venons de
citer, parle d'un soleil et d'une lune, mais en les traitant
comme des termes universels et non comme des termes
particuliers, de même, s'il étudie la sphère du soleil et
son mouvement, il ne les étudiera pas comme appartenant
en propre à la substance solaire; il étudiera les phénomènes que présente une sphère quelconque, pourvu
qu'elle soit animée de tel mouvement, séparant ainsi par
la pensée les figures et les mouvements de la substance ».
D'autres remarques sont plus caractéristiques encore;
celles, notamment, qu'Alexandre et, après lui, Simplicius
(291, 21) empruntent à un auteur qui s'est, disent-ils, inspiré d'Aristote, Géminus, abréviateur des *Météorologiques*
de Posidonius. Tandis que le physicien démontre en s'appuyant sur la nature des substances ou sur le principe du
meilleur, l'astronome tire ses démonstrations de certaines
propriétés des figures et des mouvements. Précisément
parce qu'il part ainsi de propriétés extérieures, il lui est
parfois impossible d'atteindre les causes; mais il le regrette
peu sans doute, puisqu'il lui arrive, dans certains cas,
de déclarer qu'il ne se soucie pas de les saisir, et que,
dans d'autres, il se borne à les poser sous forme d'hy-
pothèses, disant que, à supposer telle cause, les phénomènes s'en accommoderont, et, par exemple, avec
Héraclide du Pont, que l'on peut rendre compte des apparences en supposant la terre immobile et le soleil en
mouvement.

κινήσεως. 193 b 34. Cf. 194 a 5. — Philopon, 223, 26 :
κινήσεως δέ φησιν ἀντὶ τοῦ τῆς φυσικῆς αὐτῶν ὕλης, ἥτοι τοῦ
ὑποκειμένου. Aristote emploie l'épithète de mobile comme
caractéristique de la substance naturelle objet de la physique : *Méta.*, E, 1, 1026 a 12 : περὶ κινητῶν γὰρ τινων ἡ φυσική.
— Λ, 1, 1069 a 36 : ἐκεῖναι (c'est-à-dire la substance sen-

sible périssable et la substance sensible éternelle) μὲν δὴ
φυσικῆς · μετὰ κινήσεως γάρ. — Cf. 6, déb....

§ λανθάνουσι δὲ.... (193 b 35) = ἡ φυσική (194 b 12). Les
partisans des idées appliquent, sans qu'ils s'en aperçoivent, le même procédé aux choses physiques qu'aux choses mathématiques : ils les séparent de leurs sujets comme
des nombres et des figures. Or les choses physiques sont
inséparables de leurs sujets, ainsi qu'on s'en rendra
compte par deux considérations. D'abord, tandis qu'on
peut définir les attributs des choses mathématiques (τῶν
συμβεβηκότων, 194 a 3), impair, pair, droit, courbe ou ces
choses elles-mêmes (αὐτῶν, ib.) nombre, ligne, figure, sans
faire entrer dans la définition le concept de leurs sujets
(on définira par exemple le cercle une figure plane enveloppée par une ligne unique, le nombre pair un nombre
divisible par deux, sans parler aucunement de la matière
dans laquelle le cercle est découpé ni des sujets nombrés
par le nombre. Cf. Philop., 224, 15), la définition d'une
chose physique contient la matière de la chose. Le courbe
se définit en lui-même ; mais la chose physique est comme
le camus qui suppose immédiatement un nez, puisque le
camus est une concavité dans un nez. « Si je veux définir
la chair, je dirai, par exemple, que c'est un corps chaud
et humide, sanguinolent, mou, ayant telles fonctions, et en
parlant ainsi j'indique immédiatement la matière qui lui
sert de sujet. » (Philop., 224, 28 ; cf. Bz., *Ind.*, 672 b 9 et 25).
En second lieu, si, partant des mathématiques pures, on
veut passer aux sciences mathématiques de la nature,
astronomie, optique, acoustique, on s'apercevra qu'il faut
ajouter aux notions géométriques celle d'un sujet matériel
dans lequel sont venues se réaliser ces notions. Pour aller
du physique au mathématique on fait abstraction de la
matière ; inversement, pour revenir du mathématique au

physique on rend concrète la donnée géométrique par
l'addition d'un sujet matériel. « L'optique, qui traite des
phénomènes de la vision, étudie les émissions suivant des
droites et suivant les cônes qui en sont formés, les ré-
flexions, les angles, toutes les déterminations géométriques de ces phénomènes; mais tandis que la géométrie
conçoit ces déterminations à part de la matière, l'optique
considère les lignes et les déterminations qui s'ensuivent
comme douées d'une existence réelle qui ne va pas sans
le mouvement et la matière. » (Philopon, 226, 27.)

ἧττον ὄντα χωριστά. 194 a 1. — Il n'est pas douteux que
ἧττον signifie ici οὐδαμῶς comme le dit Philopon (224, 7) et
comme le pense aussi Simplicius (293, 28), en remarquant
toutefois qu'Aristote a employé ἧττον « par prudence philosophique. »

ῥὶς σιμή. 194 a 6. — τὸ σιμόν eût été plus clair, puisqu'il
s'agit d'un terme qui, au premier aspect, peut passer pour
être sans sujet comme est le courbe. Aristote a écrit tout
de suite l'expression complète par laquelle il faut traduire τὸ σιμόν. τὸ σιμόν (= κοιλότης ἐν ῥινί) est comme on
sait l'exemple classique chez Aristote du terme concret
inséparable de sa matière. Voy. Bz., *Ind.*, 680 a 40.

ἀνάπαλιν γὰρ.... 0. — On passe d'une notion plus complexe à une plus simple en faisant abstraction de certains
éléments de la première; cette opération s'appelle ἀφαίρεσις
et ses produits sont τὰ ἐξ ἀφαιρέσεως, τὰ ἐν ἀφαιρέσει, τὰ
ἀφαιρέσει (tels sont par excellence les concepts mathématiques); pour passer d'une notion à une autre plus complexe, on ajoute certains éléments à la première; l'opération s'appelle πρόσθεσις et ses produits sont τὰ ἐκ προσθέσεως.
Par rapport aux choses physiques, les choses mathématiques sont ἐξ ἀφαιρέσεως et, inversement, par rapport aux
choses mathématiques les choses physiques sont ἐκ

προθέσεως. Voy. Bz., *Ind.*, 646 a 12, et *De anima*, III, 4, 429 b 18.

En dépit de sa clarté littérale, le paragraphe que nous venons d'expliquer est au fond assez obscur. Il est dirigé contre les partisans des idées. Or, ce n'est pas seulement par la pensée, comme paraît le dire la lettre de notre texte (τοῦτο ποιοῦντες 193 b 35, scil. χωρίζοντες νοήσει) que les partisans des idées séparent les formes des sujets. Ce qu'il s'agit d'établir contre eux, c'est que les formes physiques sont, non pas conceptuellement, mais réellement inséparables. Aussi est-ce bien là ce qu'Aristote veut démontrer ; mais, d'autre part, sa prétention évidente est de faire voir que si cette séparation réelle est impossible, c'est qu'elle n'est même pas concevable. De quelle sorte de matière est-il donc inconcevable que les formes physiques soient séparées et, d'autre part, en quel sens précis cette séparation est-elle inconcevable ? La matière, dans son acception la plus aisée à saisir et la plus usuelle chez Aristote, celle dont il va dire bientôt qu'elle est un relatif (194 b 9), c'est la chose, formelle en soi, mais qui joue le rôle de condition élémentaire par rapport à une forme plus élevée : c'est le bois par rapport au lit, ce sont les corps simples par rapport au mixte. Or, il est certain qu'Aristote reproche parfois aux partisans des idées d'avoir séparé à chaque degré de la hiérarchie la forme de sa matière, l'homme du bipède, le bipède de l'animal, ce qui, dit-il, rend incompréhensible l'unité de l'homme (*Méta.*, H, 6, 1045 a 14). Cependant il faudra voir si c'est bien là l'objection qu'il leur adresse dans notre paragraphe. Maintenant en quel sens la séparation des formes physiques est-elle inconcevable ? Si Aristote voulait dire qu'une forme isolée de ses conditions élémentaires est une chose incomplète, objet d'une notion incomplète comme elle, et s'il entendait nous interdire l'usage de cette sorte de notions, il condamnerait l'abstraction, ainsi qu'en effet Philopon (225, 4) le craint. Alors il serait facile de rappeler que dans certains textes les figures géométriques sont déclarées inséparables du continu qui leur sert de sujet et assimilées de ce chef au camus (*De anima*, III, 4, 429 b 18) sans que cela emporte condamnation contre les abstractions mathématiques; et, avec Philopon (225, 17), que, dans le *Traité de la génération et de la corruption* (I, 5, 321 b 19; cf. Rodier, II, 448), la chair et l'os ainsi que toutes les choses analogues sont présentées comme comportant deux aspects, forme d'un côté et matière de l'autre. L'abstraction a donc beau nous procurer des notions incomplètes et, à ce titre, séparer l'inséparable, Aristote ne peut pas songer à la proscrire. Sa vraie pensée est que les idées platoniciennes, prises par leurs partisans pour des êtres complets, sont des notions incomplètes qui, en tant qu'incomplètes, ne peuvent pas être séparées (autrement que par abstraction) et que la matière dont on ne peut les concevoir comme séparées, c'est la matière mobile, celle qui fait les individus (*Méta.*, Λ, 8, 1074 a 33 : toutes les choses qui, étant les mêmes spécifiquement, sont plusieurs numériquement, ont de la matière), la matière sensible en un mot (sur la matière sensible distinguée de la matière intelligible, voy. *Méta.*, Z, 10, 1036 a 9; cf. Rodier, *loc. cit.*). Il n'y a pas d'idées platoniciennes parce que l'idée du feu, par exemple, ce serait tout le formel du feu conçu et posé à part de la matière, de la matière première qui sert de sujet au feu, et dont, selon Aristote, on ne peut concevoir que l'essence du feu soit séparée. Tel est le sens de l'inséparabilité dont il est question dans notre paragraphe et telle est la matière dont les formes physiques ne se séparent pas. Mais

peut-être Aristote laisse-t-il assez beau jeu à Simplicius
(295, 12) pour défendre les idées. Car il conserve en
somme la théorie platonicienne sur l'individuation (voy.
Philèbe, 16 D) et sur le dernier fondement du sensible. Dès
lors, ne risque-t-il pas, lui aussi, de séparer les formes ?
La liaison des formes avec un élément inintelligible est
un fait, une donnée de caractère réalistique, non un produit de la pensée, et, ce qui est inconcevable, ce n'est
peut-être pas que la forme soit séparée, mais, bien au
contraire, qu'elle soit inséparable. On ne voit qu'un
moyen pour Aristote de rendre concevable l'union de la
matière dite sensible et de la forme, inconcevable leur
séparation, c'était d'intellectualiser la matière dite sensible, ce qui eût supprimé le monde transcendant des pla-
toniciens en le faisant descendre ici-bas.

§ ἐπεὶ δ' ἡ φύσις (194 a 12).... = τὴν ὅλην (15). L'objet du
physicien c'est la nature; c'est donc à la fois la matière
et la forme avec prédominance de la seconde, puisque, par
nature, on entend la matière d'une part et la forme de
l'autre, et que de ces deux éléments, l'un, la forme, entraîne l'autre en le commandant. Le physicien sera ainsi
en face des êtres qu'il étudie comme en face du camus :
il les définira par leur forme surtout, mais sans ou-
blier que cette forme enveloppe inséparablement une
matière. « Puis donc que la nature a deux sens, la
forme et la matière, de même que celui qui parle du
camus s'occupera des deux choses, la matière et la forme,
car la concavité du nez est les deux choses, ce qui n'empêche pas que ce soit plutôt par la forme qu'elle se défi-
nisse, parce que c'est à la forme que se rapporte la
quiddité du camus; de même en parlant des choses naturelles, il faudra les considérer comme existant dans une
matière et avec une matière, mais comme tenant pour-

tant de la forme la qualité d'être ce qu'elles sont; et
ainsi dans leur définition on fera accessoirement usage
(προσχρήσεται) de la matière, mais on suivra la forme. »
(Themistius, 167, 5). Cf. Simplic., 299, 26 : « Puisque la
matière est connaissable par analogie [voy. Arist., *Phys.*,
I, 7, 191 a 7] tandis que la forme l'est par intuition (κατὰ
ἐπέρεισιν), c'est naturellement par un recours à la forme
(κατὰ τὸ εἶδος) que la connaissance du composé s'accom-
plit. » Philopon (228, 15) renvoie avec raison au *De anima*,
I, 1, 403 a 29; cf. Rodier, II, 36.

§ καὶ γὰρ (15).... = τὰς φύσεις (27). — Comment s'expliquer que la position de la question arrive ici après une
première réponse? C'est que, comme le dit Simplicius
(299, 30), cette première réponse, quoique accompagnée
en réalité d'une démonstration (car la physique a pour
objet la forme et la matière à la fois, par la raison que le
principal et le plus connaissable de ces deux éléments se
subordonne l'autre et l'entraîne), peut passer pour n'être
pas démontrée, la démonstration étant restée implicite.
Aristote va donc donner des preuves expresses (trois,
comme on verra) et, comme transition, il fait remarquer
qu'on pourrait mettre en doute sa première réponse toute
fondée qu'elle soit. On demandera donc, dit-il, si la physique a pour objet ou la forme, ou la matière, ou le composé des deux, cette dernière hypothèse revenant à celle-
ci : que la physique aurait pour objet la forme et la matière à la fois. Quoique les anciens aient presque toujours
pensé que la physique s'occupe exclusivement de la matière, elle porte sur la forme et la matière à la fois. Et en
voici une première raison. L'art est une imitation de la
nature : or, un art quelconque, comme on le voit par
l'exemple de la médecine, de l'art de bâtir, etc., embrasse
et connaît la forme et la matière à la fois; donc il y a

place dans la nature et par suite dans la connaissance de la nature et pour la forme et pour la matière.

περὶ ποτέρας.... (16). « Aristote conduit sa recherche en quelque sorte par division. En effet, la physique porte soit sur l'un des deux éléments, soit sur l'un et l'autre, soit sur le composé des deux. Si elle porte sur le composé des deux, il est évident qu'elle porte par là même sur l'un et l'autre : car il est impossible de connaître le composé en ignorant le simple.... Dans cette division, Aristote a passé sous silence le membre qui consisterait à prendre en lui-même le fait de porter sur l'un et l'autre élément à la fois, parce qu'il allait en traiter en le réunissant au membre constitué par le composé des deux. » Simplic., 300, 6.

πότερον οὖν.... (18). Selon Philopon (234, 16), avec qui d'ailleurs se rencontre Simplicius (300, 9), le sens de la petite phrase interrogative qui commence par ces mots serait le suivant : « Si le physicien doit parler sur les deux éléments, sera-ce un seul et même physicien qui parlera sur les deux ou bien y en aura-t-il un qui parlera de la matière et un autre de la forme? » Mais cette idée de deux sortes de physiciens, dont on ne trouverait plus trace dans la suite du chapitre, est bizarre. Il est au contraire très naturel d'entendre que, après avoir ramené l'hypothèse περὶ τοῦ ἐξ ἀμφοῖν à l'hypothèse περὶ ἐκατέρας, Aristote conclut que c'est en fin de compte entre l'hypothèse περὶ ἑτέρας et l'hypothèse περὶ ἐκατέρας que le débat s'établit. — Personne ne songeant à prétendre que le physicien s'occupe de formes pures, l'hypothèse περὶ ἑτέρας revient à dire que le physicien s'attacherait à la matière seule. Avec αὐτῆς ἢ ἄλλης (16) on sous-entend aussi aisément ἐπιστήμης ou τέχνης que φυσικῆς.

Ἐμπεδοκλῆς καὶ Δημόκριτος (20). Selon Aristote, Démocrite a touché à la forme parce qu'il a défini en quelque mesure le froid, le chaud, etc. (*Méta.*, M, 4, 1078 b 19, et *Part. des anim.*, I, 1, 642 a 24). Il les définissait en les faisant dépendre de la figure, de l'ordre et de la position des atomes. Pour Empédocle, Aristote dit plusieurs fois qu'il a soupçonné la forme lorsqu'il a fait consister l'os (et virtuellement les autres composés) en un groupement des éléments d'après des proportions déterminées, l'os étant huit de terre, deux d'eau et quatre de feu (*De anima*, I, 5, 410 a 1. Voy. Bz., *Ind.*, 242 a 9).

ἡ τέχνη μιμεῖται τὴν φύσιν (21). Voir plus bas, *Phys.*, II, 8, 199 a 15.

χολὴν καὶ φλέγμα, ἐν οἷς ἡ ὑγίεια (23). La bile et le flegme appartiennent à la classe des homéomères humides (*Hist. des anim.*, I, 1, 487 a 1), mais, sans parler d'autres différences, l'une est chaude, l'autre froid (*Probl.*, I, 29, 862 b 27), et c'est ce qui fait surtout leur rôle comme matière de la santé. Voy. *Phys.*, VII, 3, 246 b 4 : ὑγίειαν καὶ εὐεξίαν ἐν κράσει καὶ συμμετρίᾳ θερμῶν καὶ ψυχρῶν τίθεμεν.

§ ἔτι τὸ οὗ ἕνεκα (27).... = ὑπάρχει οὖσα (194 b 8). Une nouvelle raison d'admettre que la physique a pour objet et la forme et la matière, c'est que la forme et la matière sont entre elles comme la fin et les moyens, et que la fin et les moyens sont embrassés par une seule et même connaissance. Nous avons vu précédemment que, en fait, un seul et même art porte sur la matière et sur la forme et que, par suite, pour la physique, le fait doit être aussi qu'elle porte sur les deux éléments. A cette raison de fait nous venons d'ajouter une première raison de droit. — Tel est le sens général du présent paragraphe, et rien n'est plus manifeste. Mais l'unité du passage et la marche du développement ont échappé aux commentateurs, si bien que Thémistius (168, 26) marque expressément par le

mot ἔτι que, avec ἐπεὶ καὶ (194 a 33), commence pour lui
un argument nouveau. Simplicius, Philopon et lui ont
laissé passer inaperçue la solidarité de χρῆσις et de la
cause finale ὡς τὸ ᾧ. Elle leur eût fourni la clef de la
seconde moitié du paragraphe (ἐπεὶ καὶ.... jusqu'à la fin).
Car s'ils l'avaient saisie, ils auraient alors trouvé évidente
la corrélation de χρώμεθα (194 a 34) et de χρωμένη (194 b
2 et 3). Voici la suite des idées. La fin et le moyen sont
l'objet d'une connaissance unique. Or, la nature est d'abord
une fin, et Aristote le prouve, après quoi il annexe à sa
preuve une remarque épisodique. Preuve et remarque
doivent être placées en commun dans une parenthèse (ὧν
γὰρ συνεχοῦς...., = βέλτιστον, 29-33). La deuxième partie du
développement commence avec ἐπεὶ καὶ (33). Elle consiste
à établir que la nature est, en second lieu, les moyens.
Pour le prouver, Aristote recourt une fois de plus à la
ressemblance de l'art avec la nature et il indique qu'il y
a deux sortes d'arts qui, l'une comme l'autre, s'occupent
de la matière, ou, en d'autres termes, des moyens requis
pour leurs fins. Ici s'insère une nouvelle parenthèse con-
sacrée à fonder la différence des deux sortes d'arts sur la
distinction de deux sens de la cause finale (ἐσμὲν...., = περὶ
φιλοσοφίας, 34-35). Puis l'argumentation reprend. Il y a
donc deux sortes d'arts qui commandent à la matière, et,
à plus forte raison, la connaissent : d'une part, les arts
qui consistent à faire usage des choses, de l'autre, ceux
qui produisent les choses. Aussi les premiers méritent-ils
comme les seconds le titre d'architectoniques, seulement les
premiers, puisqu'ils consistent à user de choses déjà informées et hautement informées, d'un navire, par exemple, ou
peut-être même d'un animal, gouvernent et connaissent des
formes qu'ils prennent pour matière, tandis que les seconds
gouvernent et connaissent des matériaux, une matière pro-

prement dite. Après avoir cité en passant l'art du pilote
comme type du premier genre et celui de l'homme qui fabrique ou fait fabriquer le gouvernail comme type du
second, Aristote arrive à la conclusion de la seconde partie
de son argument. La seule différence entre l'art, imitation
de la nature, et la nature étant que, dans celui-là, nous
faisons plus ou moins la matière ou les moyens, tandis que
dans celle-ci la matière et les moyens sont donnés, si, dans
l'art, il nous faut connaître la matière ou les moyens, il
le faut aussi dans l'étude de la nature. Ainsi la nature
étant fin et moyens, la physique porte sur l'une et les
autres, et les deux réunis ne font pour elle qu'un seul et
même objet, puisque la connaissance de la fin et celle des
moyens forment, comme on l'a vu, un tout indivisible.

ὧν γὰρ συνεχοῦς.... = οὖ ἕνεκα (29-30). Bekker, avec la
plupart des manuscrits, donne : ἔστι τι τέλος τῆς κινήσεως
τοῦτο ἔσχατον καὶ τὸ οὖ ἕνεκα. Le ms. E omet τῆς κινήσεως,
en quoi il est d'accord avec le texte de Philopon (238, 9).
Simplicius (302, 18) : « ὁ δὲ Ἀλέξανδρος ἄμεινόν φησι γεγράφθαι ὧν γὰρ συνεχοῦς.... » et le reste de la leçon adoptée par
Prantl. Puis Simplicius ajoute : « Remarquons qu'il n'est
pas nécessaire de changer le texte. » Philopon (238, 10)
dit de son côté qu'il faut « modifier un peu l'arrangement
du texte » et propose de lire comme a fait Prantl. Peut-
être cette leçon, bien que Simplicius dise γεγράφθαι et non
ἂν γεγράφθαι, n'est-elle qu'une conjecture, d'ailleurs heureuse, d'Alexandre. Il faut vraiment trop de peine pour
tirer du texte de Philopon et du ms. E le sens voulu. —
La nature est fin parce qu'elle est le terme d'un mouvement continu. Comment donc le terme d'un mouvement
continu est-il une fin ? Sont continues entre elles et
forment un continu les choses dont les extrémités ne font
qu'un (*Phys.*, V, 3, 227 a 10). Un mouvement continu

est donc celui qui, ayant pour sujet un seul et même mobile, se déroule dans une durée sans lacune et, parce qu'il
se dirige vers un seul et même terme, est spécifiquement
un, que ce terme soit l'être ou le non-être, le haut ou le
bas, la grandeur normale ou la petitesse opposée, le blanc
ou le noir (*Phys.*, VIII, 8, 261 b 36). Non seulement pour
substituer un mobile à un autre, il faut interrompre le
mouvement, et de même pour ouvrir une lacune dans sa
durée, mais il est interrompu aussi dès qu'il devient autre
spécifiquement, car, pour se mouvoir du haut vers le bas,
après s'être mû du bas vers le haut, ou du blanc vers le
noir, après s'être mû du noir vers le blanc, il faut que le
mobile se comporte au point de réflexion (ἀνάκαμψις)
comme si ce point était double, terme d'une part et commencement de l'autre (car autrement le mobile serait en
un même point animé à la fois de deux mouvements
incompatibles), et, dès lors, en vertu de la définition du
continu, le mouvement est discontinu (*Phys.*, *ib.*, suite).
Mais le terme du mouvement spécifiquement un d'un seul
et même mobile, dans une durée sans lacune, cet être ou
cette qualité, ou cette grandeur définie qui fait précisément la spécificité du mouvement, c'est la forme. Ainsi
un mouvement continu (du moins un mouvement continu
fini, comme est tout mouvement qui implique changement — *Phys.*, VI, 10, 241 a 26 — car pour la translation
circulaire le cas est autre évidemment) aboutit à la forme.
Or, la forme est aussi la fin. Elle n'est pas seulement le
résultat précisément parce que c'est elle qui définit le
mouvement et en enchaîne les phases, ce qui vient en
premier lieu n'étant rendu nécessaire que par ce qui vient
après et ainsi de suite (*Phys.*, II, 9, 200 a 34). Donc le
terme d'un mouvement continu est fin. Comme il va de
soi qu'un mouvement naturel, s'il n'est pas composé, est

spécifiquement un, etc., c'est-à-dire continu, le terme d'un
mouvement naturel ou, au sens le plus élevé du mot, la
nature, est fin. — Le meilleur commentaire du passage
est celui de Thémistius (168, 6) en partie reproduit par
Philopon (235, 12); mais il ne fait pas voir suffisamment
comment on passe de l'idée de terme d'un mouvement
continu à celles de forme et de fin.

διὸ καὶ ὁ ποιητὴς.... = βέλτιστον (30-33). Thémistius et
Simplicius taisent le nom du poète. Philopon (236, 7) et,
selon Bekker, le ms. F (qui introduit le nom dans le
texte d'Aristote sans avoir peut-être, pour justifier cette
interpolation, d'autre autorité que celle de Philopon),
nomment Euripide. Mais selon Bz., *Ind.* (607 b 26), ce
vers « propter solutam quintam arsin » appartiendrait à
un comique plutôt encore qu'à un tragique. — Bien
qu'Aristote distingue une mort naturelle, par opposition
à la mort violente (*De respir.*, 17, 478 b 24), il dit aussi
(*De cœl.*, II, 6, 288 b 15) que toute impuissance chez les
animaux et par exemple la vieillesse et le décroissement
sont contraires à la nature. Or, il est clair que la mort
dite naturelle est amenée par la vieillesse et le décroissement. La mort, même lorsqu'on peut et doit la qualifier de
naturelle, n'est donc pas le terme d'un mouvement continu. Elle est le terme d'un mouvement de décroissement,
le mobile, après s'être arrêté dans l'ἀκμή où l'accroissement l'a conduit, revenant en sens inverse sur le chemin
parcouru. C'est ce que Philopon (236, 18) exprime très
correctement : « La mort n'est point le terme et la fin du
mouvement continu qui commence à la naissance, car la
nature se meut jusqu'à la floraison complète de l'animal,
et après l'avoir conduit à son achèvement, elle s'arrête.
C'est donc là qu'est la fin du mouvement continu de la
génération. Dans la suite, comme la forme n'est pas faite

pour couvrir perpétuellement la matière, l'animal s'en va vers l'affaiblissement, non par le fait de la nature, mais parce que l'animal étant constitué par des contraires, la nature n'a plus la force de réduire les contraires à l'harmonie, de sorte que l'un d'eux devient prépondérant; et ainsi, l'harmonie se dissolvant peu à peu, la mort arrive. » — La mort violente, dont la cause est extérieure au sujet (*De respir.*, loc. cit.), implique pour celui-ci un changement de moteur : or, un tel changement, tout autant que celui de mobile, détruit la continuité du mouvement (*Phys.*, VIII, 10, 267 a 23). — Les mots βούλεται γάρ.... = τὸ βέλτιστον (32-33) contiennent, après l'indication d'une première raison introduite par le mot διό (30), une seconde raison pour démontrer le ridicule de la pensée du poète. La fin n'est pas seulement le terme d'un mouvement continu, elle est encore le bien.

αἱ μὲν ἁπλῶς, αἱ δὲ εὐεργόν (194 a 33-34) : L'art de bâtir fait absolument sa matière lorsqu'il fabrique des tuiles; celui du modeleur fait la cire maniable, l'approprie à ses besoins (Thémist., 168, 27).

πάντων ὑπαρχόντων (34-35). Nous nous servons de tout ce qui peut contribuer à notre utilité, et tel est le cas des œuvres de l'art (Simplic., 304, 8).

διχῶς.... = φιλοσοφίας (35-36). Sur les deux sens de la cause finale, τὸ οὗ et τὸ ᾧ, voy. *De anima*, II, 4, 415 b 2, et Rodier, II, 228 : « La fin, τὸ οὗ, c'est le but, par exemple le bonheur ou la santé; ce pour quoi elle est une fin, τὸ ᾧ, c'est l'être auquel cette fin est bonne, utile ou agréable, par exemple l'homme ou le malade. » — Par περὶ φιλοσοφίας, Thémistius, Simplicius et Philopon veulent entendre la *Morale à Nicomaque*. Mais, quoique la distinction se trouve en effet dans la *Morale* (I, 1 début), implicitement du moins, il est difficile de croire qu'Aristote aurait désigné cet ouvrage par les mots de περὶ φιλοσοφίας. Il s'agit plutôt, sans doute, du dialogue qui portait ce titre, à moins toutefois, comme on l'a dit aussi, que le renvoi indiqué dans le texte de la *Physique* ne soit une interpolation (voy. Bz., *Ind.*, 98 a 32 et 104 b 28).

αἱ ἄρχουσαι τῆς ὕλης καὶ αἱ γνωρίζουσαι (194 b 1). Aristote conclut *a fortiori* du faire au savoir; car quand on est en état de faire, à plus forte raison on sait. Cf. Simplic., 302, 32 et 304, 12.

ἀρχιτεκτονική (2, 3 et 4). L'ἀρχιτέκτων est celui qui commande, qui dirige la production d'une œuvre, par exemple. Il est supérieur au χειροτέχνης, parce qu'il sait la raison de ce qui se fait (*Métaph.*, A, 1, 981 a 30).

τοῦ εἴδους (3). « Remarquons que la forme et la matière du gouvernail sont matière pour celui qui s'en sert. » (Simplic., 305, 5.)

§ ἔτι (8).... = ἄλλη ὕλη (9). Les relatifs sont une sorte d'opposés (voy. Bz., *Ind.*, 64 a 20); or, la connaissance des opposés relève d'une seule science (μιᾶς [sc. ἐπιστήμης] τἀντικείμενα θεωρῆσαι, *Méta.*, Γ, 2, 1004 a 9); donc, la connaissance de la matière et celle de la forme relèvent l'une comme l'autre de la physique, puisque la matière est le corrélatif de la forme. — L'importance de la proposition que la matière et la forme sont des corrélatifs ne saurait être exagérée. Cette proposition emporte notamment la négation de la réalité propre de la matière, et, d'autre part, la liaison indissoluble, l'unité de la matière et de la forme.

§ μέχρι δὴ πόσου (9).... = fin du chap. Ce paragraphe est manifestement consacré à distinguer la physique de la philosophie première (voy. Philop., 233, 4 et 239, 25). Mais les détails n'en sont pas toujours faciles. — A la ligne 11, Alexandre signale et adopte même dans l'une de ses expli-

cations du passage (voy. Simpl., 306, 27 et 307, 33), la
leçon : μέχρι τίνος ἕνεκα, τινὸς γὰρ ἕνεκα (et non, comme
l'indique Prantl d'après l'édition des Aldes : μέχρι τίνος;
ἕνεκα τινός · τινὸς γὰρ....), le premier τίνος prenant le sens
interrogatif. Mais le texte traditionnel paraît bien établi
et nous verrons qu'il s'explique d'une manière satisfaisante. — Il n'y a pas beaucoup de fond à faire sur les interprétations de Thémistius (170, 6) et de Philopon (loc.
cit.), parce qu'ils ne serrent pas de près les paroles d'Aristote et ne tiennent pas compte notamment des mots τινὸς
γὰρ ἕνεκα ἕκαστον. Alexandre et Simplicius ont montré une
tout autre précision. Une grave difficulté naît des mots ἢ
ὥσπερ.... χαλκόν (10-11), si, comme cela peut d'abord pa-
raître justifié par un rapprochement avec ce qui est dit
plus haut (194 a 22-26), on leur fait signifier que le tendon et l'airain sont pour le médecin et le fondeur des matières au sens propre du mot. En se plaçant dans cette
hypothèse, Alexandre essaie deux interprétations que
Simplicius (307, 13) rejette l'une et l'autre. 1° Après avoir
posé la question de savoir jusqu'à quel point la physique
connaît la forme (9-10), Aristote reviendrait à la matière
pour dire que le physicien la connaît dans la même mesure que le médecin et le fondeur, puis il reprendrait la
question de la connaissance de la forme en disant (11) que
chaque chose naturelle est en vue d'une fin, que le physicien connaît donc la forme en tant qu'elle est une fin, etc.
Mais, remarque Simplicius, les mots ἢ ὥσπερ ἰατρὸν.... (10-
11) ne peuvent que faire suite à la phrase qui les précède
immédiatement : ils ne sauraient porter sur la matière
tandis qu'elle porte sur la forme. 2° Pour échapper à cette
difficulté, on entendrait, adoptant la leçon dont nous avons
parlé plus haut : Le physicien connaît la forme à la manière du médecin et du fondeur, qui, en connaissant le

tendon et l'airain, se demandent jusqu'à quel point ces
matières sont les moyens d'une certaine forme ; c'est-à-
dire que le physicien connaît la forme en tant qu'elle est
fin ; qu'il la connaît donc comme engagée dans la matière, etc. Mais, dit Simplicius, il ne semble pas que, dans
le texte, il y ait trace de cette idée que les arts connaissent la forme en tant seulement qu'elle est la fin des matières dont les arts se servent. — Peut-être d'accord avec
Alexandre jusque dans cette autre tentative, Simplicius
renonce à voir dans le tendon et l'airain de la ligne 11 des
matières proprement dites, et obtient par là une meilleure
interprétation de tout le passage. Le tendon et l'airain,
dit-il avec raison (308, 17), ne sont pas des matières, « ce
sont des formes sur lesquelles portent les arts. » Ajoutons, en passant, cette remarque que le μέχρι του de 194 a
23 peut s'appliquer, non pas uniquement à la matière
comme les commentateurs l'ont cru, mais aussi à la forme.
Étant donc admis que le tendon et l'airain sont des formes, Simplicius (306, 12) comprend comme suit, en ac-
centuant τίνος sur la première, et dans μέχρι τίνος (car il
lit τίνος au lieu de του) et dans τίνος γὰρ ἕνεκα (11-12) : Jusqu'à quel point le physicien connaît-il la forme ? N'est-ce
pas comme si l'on demandait jusqu'à quel point le médecin connaît le tendon et le fondeur l'airain ? Le physicien
cherche, en effet, en vue de quoi est chaque être naturel,
car pour lui la forme de chaque être naturel, c'est la fin de
cet être et quand il a aperçu la forme comme fin, le physicien est au bout de sa tâche. Doctrine conforme à celle du
Phédon (97 C) où Platon nous enseigne aussi, ajoute Simplicius (308, 28), que la fin est la vraie cause dans l'ordre
de la nature. — Une telle interprétation est assurément
soutenable et peut-être n'y faudrait-il pas changer grand'-
chose pour l'adapter au texte traditionnel dans lequel les

deux τινός de la ligne 11 (d'autant que le premier est
même remplacé par τοῦ dans nos mss.) sont très probablement des enclitiques. Toutefois il est naturel de penser
que ἕκαστον à la ligne 12 représente εἶδος (ce qui, du reste,
facilite l'explication de καὶ περὶ....) et, d'autre part, la
forme naturelle est-elle seule à être une fin ? La forme suprême n'en est-elle pas une aussi, puisqu'elle est le bien
et non seulement le bien du monde, mais le bien en soi ?
Dès lors est-il permis de distinguer la forme qui est l'objet
de la physique de la forme dont s'occupe la philosophie
première en assignant comme caractère à la forme physique la qualité de fin ? Il nous semble que la distinction
visée ici par Aristote est tout autre. Bien loin d'insister
sur le fait d'ailleurs incontestable que la forme naturelle
est une fin, il indiquerait au contraire que cette sorte de
forme n'est jamais une fin en soi, qu'elle reste toujours
un moyen. Et il serait amené à ces idées que la fin naturelle n'est encore qu'un moyen et la forme naturelle
qu'une matière par les remarques contenues dans la seconde moitié de l'avant-dernier paragraphe. Le tendon et
l'airain, qui sont déjà des formes, sont matière encore
comme plus haut (2-3) le navire était matière ; la forme
naturelle est moyen comme plus haut (194 a 34-35) les
produits de l'art étaient des moyens. La nature, en effet,
n'est pas, pour Aristote, l'usage, l'acte, la fonction en exercice : c'est, comme l'âme elle-même, qui n'est après tout
que la plus haute des natures, une habitude, une entélé-
chie première ou du plus bas degré : l'aptitude à être
porté vers le haut est une nature, mais être porté vers le
haut n'est pour le feu qu'un événement conforme à sa nature (ci-dessus, chap. I, 192 b 33 — 193 a 1). Or, c'est
bien l'acte, la fonction en exercice qui est la fin, s'il s'agit
de l'activité pratique ou d'une activité analogue, de même

que la fin est l'œuvre s'il s'agit de l'activité poétique. Que
dit, en effet, Aristote lorsque, dans la *Métaphysique* (Θ, 8,
1050 a 7), il établit l'antériorité ontologique de l'acte sur
la puissance en se fondant sur ce qu'il est la fin? L'acte
est ontologiquement antérieur à la puissance « pour cette
raison encore que tout ce qui devient marche vers son
principe et sa fin : car le principe est la chose qu'on a en
vue et le devenir est en vue de la fin. Or la fin c'est l'acte
et c'est pour l'acte que la puissance est posée. En effet, ce
n'est pas pour avoir la vue que les animaux voient, ils
ont la vue afin de voir. De même on possède l'art de bâtir
pour bâtir, la faculté de contempler pour contempler, et
on ne contemple pas pour avoir la faculté de contempler,
exception faite de ceux qui étudient.... » En outre, la
vraie forme, par laquelle les choses sont ce qu'elles sont,
c'est l'acte, et cela pour les choses dont la fin est un mouvement comme pour celles où la fin est une œuvre.
« C'est pourquoi, de même que ceux qui enseignent croient
avoir atteint leur fin lorsqu'ils nous montrent leur sujet
en exercice, de même fait la nature.... Mais si certaines
facultés ont pour terme l'usage, comme la vue par exemple a pour terme la vision sans qu'il résulte de la vision
aucune autre œuvre de la vue, tandis que pour certaines
autres facultés, celle de bâtir, par exemple, il y a comme
résultat une œuvre autre que l'action de bâtir, savoir la
maison, cependant l'action qui est la fin dans le premier
cas est encore dans le second plus fin que la puissance. »
Mais quand la physique aurait pour objet propre, au lieu
de l'habitude, son exercice, cet acte, tout en étant plus une
fin que l'habitude, ne serait pas encore une fin dernière.
D'une part, en effet, il y a dans le monde une hiérarchie
des facultés et même de leurs actes, l'âme, par exemple,
supposant les natures, l'âme sensitive supposant la végéta-

tive et les vivants ne pouvant pas marcher ou nager si
la terre et l'eau ne tendent pas vers le bas. D'autre part, à
s'en tenir à l'objet le plus haut de la physique, aux vivants et même aux plus élevés d'entre eux, on trouve encore que les fins de ces êtres sont imparfaites et retien-
nent quelque chose des caractères du moyen. Selon la distinction faite plus haut (194 a 35), la fin que poursuit un
être naturel est différente de lui et a besoin de devenir,
de fin en soi, fin pour lui. Par exemple, il aspire à l'éternité, mais l'espèce seule y atteint par le moyen des individus, et de son côté, en devenant une fin pour l'individu,
l'éternité n'est plus qu'un fragment de la durée (voy. *De
an.*, II, 4, 415 b 1). « Il n'y a qu'en Dieu, dit M. Rodier
(II, 229), que les deux choses [c'est-à-dire les deux sortes
de fin] coïncident éternellement. Dans la réalisation de la
fin, la nature doit donc tenir compte, non seulement du
but considéré en lui-même, mais encore du sujet en qui
il doit se réaliser et la façon dont il peut être atteint dépend de la condition de ce sujet. » Mais le sujet ne se distingue de ce qui est en droit et en soi que par la matière;
donc l'exercice même des facultés naturelles suppose la
matière. A plus forte raison encore l'âme et au-dessous
d'elle la nature la supposent-elles aussi, comme nous
l'avons vu déjà, en leur qualité d'entéléchies premières,
c'est-à-dire d'actes encore enveloppés dans la puissance.
Ainsi, sous tous leurs aspects, les fins naturelles, objets
de la physique, restent des moyens et en conséquence des
choses engagées dans la matière. — Cela posé, voici le
sens que prend le paragraphe. Jusqu'à quel point le physicien connaît-il la forme? Dans la mesure où le médecin et
le fondeur connaissent ces formes qui sont le tendon et
l'airain, savoir dans la mesure où les formes naturelles
sont des moyens : car elles en sont toutes : d'où il suit

qu'elles se rapportent à des êtres dont l'être n'est séparable que spécifiquement, etc. Nous expliquons le membre de phrase καὶ περὶ ταῦτα (12).... comme si le texte portait : καὶ ἔκαστον τῶν εἰδῶν ἐστὶ περὶ ταῦτα.... On peut entendre aussi, sans renoncer à voir dans la matérialité des formes naturelles une conséquence de leur imperfection comme fins : καὶ ὁ φυσικὸς καταγίνεται περὶ ταῦτα τὰ εἴδη ἅ.... On pourrait même comprendre : le physicien s'occupe de *choses* qui, etc. Comme ces *choses* seraient toujours au fond des formes, alors même qu'on ne le dirait pas explicitement, il restera toujours quelque chose d'un peu dur dans le fait que les formes naturelles sont déclarées séparables εἴδει.. Mais cette négligence de style ne dépasse pas ce qu'on peut attendre d'Aristote.

ἄνθρωπος γὰρ.... ἥλιος (13). « L'homme engendre l'homme », exemple habituel, chez Aristote, de la génération naturelle qui va d'individu à individu sans intervention directe, c'est-à-dire à titre de cause motrice, d'un universel (voy. Bz., *Ind.*, 59 b 40). Quant à la formule plus complète qui est ici et dans plusieurs autres endroits, « en s'éloignant et en s'approchant, dit Philopon (240, 21), le soleil est pour les choses d'ici-bas cause de génération et de corruption ; mais, en tant qu'il s'agit de la cause prochaine, ce n'est pas n'importe quel être qui est alors engendré de n'importe quel être, mais le semblable du semblable », [et, par exemple, un homme d'un homme].

πῶς δ'ἔχει (14).... — Sur la métaphysique comme ayant pour objet l'individu séparé ou Dieu, voy. *Méta.*, E, 1, et K, 7, 1064 a 28.

CHAPITRE III

---

§ Début = τῶν ζητουμένων ἕκαστον (194 b 23). — « Après avoir parlé des deux causes adjuvantes, savoir la matière et la forme, Aristote veut parler des deux causes qui restent, la cause efficiente et la cause finale, qui sont les causes proprement dites.... Voulant donc parler des deux causes qui restent...., il reprend d'une manière générale l'étude des causes et il dit que pour chaque chose il y a quatre causes, etc. » (Philop., 211, 3 ; cf. Simpl., 309, 2). La distinction entre les causes proprement dites et les causes adjuvantes, dont Philopon emprunte la formule aux Stoïciens, était, bien entendu, demeurée implicite pour Aristote.

εἰδέναι χάριν ἡ πραγματεία (194 b 17-18). — Sur le sens de πραγματεία voy. Bz., *Ind.*, 629 b 26 et 36. — « Les recherches sur la Physique (ἡ φυσικὴ πραγματεία) sont théoriques et non pratiques comme la morale ; la théorie a pour fin le savoir. » (Simplic., 309, 21). — Sur la définition de la science par la connaissance du pourquoi ou des causes, voir *Méta.*, A, 3 déb., passage qui se donne lui-même pour un résumé du chapitre de la Physique et cf. Bz., *Ind.*, 279 a 35.

τὴν πρώτην αἰτίαν (20). — Cf. ἀκρότατον αἴτιον ci-dessous, 195 b 22.

§ ἕνα μὲν οὖν (23).... = τούτων γένη (26). — τὸ ἐξ οὗ ἐνυπάρ-χοντος (24). « C'est le principe matériel et le sujet qui paraît avoir cela de commun avec la privation que quelque chose provient de lui (τὸ ἐξ αὐτοῦ γίνεσθαί τι) mais qui diffère d'elle en ce qu'il demeure immanent [dans la chose produite] : en effet, la chose produite provient de la privation en ce sens que la privation lui cède la place, mais elle provient de la matière en ce sens que la matière demeure immanente en elle et passe d'une détermination à une autre. L'expression : ce dont la chose provient (τὸ ἐξ οὗ) est donc équivoque. Pour la forme, elle est, elle aussi, immanente à la chose produite, mais elle diffère de la matière en ce que la chose ne provient pas de la forme qui céderait la place ou se transformerait ; elle est produite conformément à la forme » (Simplic., 310, 1).

καὶ τὰ τούτων γένη (25-26). « Ce n'est pas la matière prochaine seule qui est cause de la chose produite, ce sont aussi les genres de cette matière. En effet, ce n'est pas seulement cet airain qui est cause de la statue, ni cet argent de la tasse ; c'est aussi l'airain et l'argent en général ; et, si ces deux métaux sont de l'eau, c'est aussi l'eau ; et, en remontant plus haut, c'est le corps » (Simpl., 310, 13).

§ ἄλλον δὲ (26).... = ἐν τῷ λόγῳ (29). — τὸ παράδειγμα (26). — Personne ne songe, pas même Simplicius (310, 23 et 312, 1), à soutenir qu'Aristote a pris ce mot dans un sens proprement platonicien. Mais s'il a pu penser, en l'écrivant, plutôt à l'art qu'à la nature (cf. Simpl., 314, 17), néanmoins, il n'a pas pu ne pas penser à la nature elle-même, puisqu'il passe en revue les causes invoquées par la physique et que, d'ailleurs, l'art est une imitation de la nature. Comment donc la forme naturelle est-elle pour Aristote un modèle ? La réponse d'Alexandre à cette question (Simpl., 310, 25) ne manque pas d'intérêt. « Les agents naturels ne commencent pas, pour agir, par concevoir ce qu'ils font de sorte qu'on puisse donner à leur conception le nom de modèle des choses qui se produiraient conformément à elle, ainsi qu'il arrive dans les arts. Ce qu'Aristote

nomme le modèle, c'est la forme qui enveloppe la matière,
parce que c'est en aspirant à cette forme que la nature
fait tout ce qu'elle fait. Et il est évident que la nature agit
de cette façon, parce que, quand cette forme est produite, l'opération de la nature s'arrête : preuve qu'il y
avait une forme définie, et comme un but placé devant
elle vers quoi tendait la nature et que, pour cette raison,
on nomme le modèle. Mais, dit Alexandre, la fin et le modèle ne se comportent pas de la même manière dans
toutes les opérations faites en vue de quelque chose : chez
tous les êtres qui agissent en vertu d'un choix, par art et
conformément à la raison, la fin, pour laquelle tout le
reste a lieu, doit nécessairement être conçue d'abord par
l'agent de manière à être posée comme but et à servir de
modèle à ce qui sera ; dans les productions de la nature,
au contraire, il n'en est pas ainsi. La nature, en effet, n'o-
père pas en vertu d'un choix et en consultant une raison
qui serait en elle : la nature est, dit Alexandre, une puissance dépourvue de raison (ἄλογος δύναμις). Un premier
principe étant déposé dans la matière apte à le recevoir,
et ce principe devant être ainsi que tout ce qui sera par
lui et résultera de lui, ce premier principe déposé dans la
matière fait l'opération déterminée qu'il a la propriété de
faire, la chose qui s'ensuit en fait une autre à son tour,
attendu que chacun des termes est fait pour produire
et mouvoir celui qui vient ensuite dès qu'il n'y a pas
d'empêchement ; et ainsi de suite, jusqu'à la réalisation
d'une certaine fin et d'une certaine forme naturelle dont
le moteur initial déposé dans la matière était le principe, de même que dans les automates, une fois que l'artisan a fait commencer le mouvement d'une première
pièce, celle-ci devient le moteur de celle qui est après
elle, cette autre de la suivante, jusqu'à ce que le mouve-

ment ait traversé toute la série, si rien ne l'en empêche,
sans que ce soit par raison et par choix que le terme antérieur ait mû celui qui lui succède. C'est de cette manière
que la nature et la puissance infuse à la semence meuvent, une fois qu'elles s'y sont introduites, leur matière
propre, qu'elles ont la propriété de mouvoir, et qu'elles la
meuvent selon qu'elles sont faites pour mouvoir, et celle-
ci pour être mue. La puissance établie dans cette matière
produit, après un premier mouvement, un autre mouvement qu'elle a le pouvoir de produire, et ainsi de suite
jusqu'à ce qu'elle ait fait un être semblable à celui dont
elle émane, un être pareil soit spécifiquement, soit, et tel
est le cas pour les animaux qui diffèrent de leurs parents
comme les mules, génériquement ; car, les mules sont
semblables génériquement à leurs parents. [Cf. Arist.,
Génér. des anim., II, 1, 723 b 23 à 734 b 19 : la cause
motrice qui fait apparaître les organes, les uns après les
autres, dans l'embryon, ne peut pas être extérieure ; ce ne
peut pas être non plus un organe déjà tout constitué dans
la semence : car, tous les organes, sans exception, doivent
naître de la semence. C'est donc une cause à la fois extérieure et intérieure : extérieure, en tant que la semence a
reçu du mâle qui l'a produite un certain mouvement ;
intérieure, en ce que ce mouvement reçu par la semence
y réside désormais et s'y développe, comme il arrive dans
les automates mécaniques, où, dès qu'une impulsion a été
donnée du dehors, une série d'actions se développe sans
autre intervention extérieure. « On peut donc dire indifféremment que la cause motrice est ici la semence ou l'être
dont elle provient, car la semence a en elle le mouvement
que cet être lui a imprimé. »] Et cette succession se développe suivant certains nombres et dans un certain ordre
jusqu'à ce que l'être produit ait atteint la perfection de

sa forme, sauf l'intervention d'un obstacle. Or, ainsi que nous l'avons déjà dit, rien de tout cela n'arrive par raison et par un choix attribuable aux agents et aux moteurs. Mais, en dépit de cette négation, ils n'agissent point cependant au gré de la fortune et sans avoir quelque chose en vue. Car action en vue de quelque chose n'est point le nom d'un devenir fondé sur la raison et le choix, et tout ce qui se produit suivant un certain ordre et pour quelque chose a lieu en vue de quelque chose ; cela, soit qu'il y ait choix et raison, soit, indifféremment, qu'il y ait absence de raison, comme nous disons que c'est le cas de la nature. En effet, bien que dans les êtres naturels il y ait certains accompagnements qui viennent des nécessités matérielles sans viser à rien (comme sont, dit-on, les poils des aisselles, à moins qu'ils ne présentent eux-mêmes quelque utilité), il ne faut pas conclure de là que la nature n'agit pas en vue de quelque chose. La forme est donc le modèle parce que la nature tend vers elle, quoique non par choix et plutôt à la manière des automates. On pourrait encore appeler modèle, dans les actions de la nature, dit Alexandre, la forme de l'agent, laquelle est spécifiquement ou génériquement identique à celle de l'être produit. D'une manière générale, puisque agir d'après un modèle, c'est diriger son action d'après quelque chose de défini et que ce qui caractérise proprement un être produit conformément à un modèle, c'est de se produire d'après quelque chose de défini et à la ressemblance de ce quelque chose, lorsqu'une production a lieu d'après quelque chose de défini et à la ressemblance de ce quelque chose, il faudra dire que cette production a lieu conformément à un modèle ; or, c'est ainsi que se font les productions de la nature ; elles ont donc lieu conformément à un modèle. » — Simplicius (312, 1) fait suivre ce

morceau d'Alexandre de questions et de réponses qui
aboutissent, en somme, au même résultat. Après avoir dit
que la forme traitée ici de modèle par Aristote est immanente à ce qu'elle informe, et que dès lors c'est celle du produit, non celle de l'agent, il fait remarquer qu'attribuer
le rôle de cause efficiente à cette forme immanente en
tant qu'elle est encore imparfaite comme dans la semence,
c'est presque donner la préséance à la cause matérielle ;
puis il ajoute que cette nature imparfaite et toute mêlée
de puissance se dépasse elle-même par ses aspirations (ce
qui, comme il l'a dit un peu auparavant [312, 15], nous
ramène de la cause exemplaire à la cause finale) ; mais il
en arrive à convenir que la vraie cause efficiente, c'est la
forme de l'agent, en quoi il est tout à fait d'accord
avec Alexandre ; seulement cette cause qui agit pour des
fins suppose au-dessus d'elle, pour Simplicius qui ne s'arrête pas à la finalité inconsciente, et la troisième hypos-
tase, l'Ame du monde, et même la seconde, l'Intelligence.
Cette différence faite, il est curieux de voir combien les
deux interprètes s'entendent pour éluder autant que possible la notion troublante de cette forme qui est cause
exemplaire avant d'être réelle ou cause finale sans être
connue, et pour la remplacer le plus possible par celle
d'une cause efficiente, d'un agent antérieur à ses effets,
d'une machine douée du pouvoir d'en produire d'autres
pa. lles à elle. « Comment se fait-il qu'Alexandre appelle
la nature une puissance sans raison, alors qu'elle agit en
vue de quelque chose et procède avec ordre par nombres
et mesures ? N'est-ce pas qu'il y a deux raisons agis-
santes, l'une qui agit avec connaissance (γνωστικῶς) et qui
est la seule que le Commentateur tienne pour une raison,
l'autre qui agit sans connaissance et sans conversion vers
soi et cependant d'une façon ordonnée et définie, propre-

ment en vue d'une fin ? De même que ce qui ne connaît
pas est sans raison par rapport à la raison qui connaît, de
même ce qui agit à l'aventure et sans ordre est sans raison par rapport à ce qui agit avec ordre, d'une manière
définie et en vue de quelque chose. En tant donc que les
choses naturelles se produisent suivant cette· dernière
sorte de raison, elles se produisent aussi conformément à
un modèle, non pas un modèle qui serait un objet de connaissance pour l'agent, mais tel que l'agent, non par un
choix mais en vertu de son être (τῷ εἶναι καὶ οὐχὶ τῷ προαι-
ρεῖσθαι, cf. 314, 16 : οὐ γνωστικῶς ἀλλ' οὐσιωδῶς et Philop.,
241, 21 : οὐ γνωστικῶς...., ζωτικῶς δὲ μόνον) fasse son produit semblable à lui-même comme l'anneau fait l'em-
preinte. Ajoutons qu'Aristote même, dans le deuxième livre du *Traité de la génération et de la corruption* [6, 333 b
11], accorde, en songeant à Empédocle, que la nature est
une raison. [Faux sens sur le texte : Aristote a écrit λόγος
dans le sens de rapport : cf. ad 194 a 20.] Mais comment,
s'il n'y a pas connaissance de la part de l'agent, peut-il y
avoir, dans la production de la chose, ordre et fin déterminée ? Il est vrai, en effet, que les choses naturelles sont
constituées de telle manière que, sans connaissance, en
vertu de leur être seul, il se maintient dans leur génération un ordre et un enchaînement qui aboutissent à une
fin déterminée, à l'image de ce qui a lieu dans le mouvement des automates. Seulement, si ce n'est pas par hasard
que les choses naturelles sont ainsi constituées, ce qui serait absurde, il faut qu'elles soient telles par elles-mêmes
[qu'elles se soient conféré elles-mêmes la propriété de
faire d'autres machines semblables à elles], ou qu'elles
aient été créées telles par autre chose. Or, quoi qu'il en
soit de cette alternative, il faut absolument que la constitution des choses naturelles résulte d'une connaissance :

car, ce qui a proportionné les pouvoirs aux effets ne l'a fait qu'en les connaissant tous les deux. Aussi serait-il bon de nommer la nature cause adjuvante de préférence, et causes prochaines des générations et des corruptions les mouvements des cieux qui règlent les changements d'ici-bas : plus haut se placeraient les raisons des mouvements contenus dans l'Ame [du monde], plus haut encore les Idées de l'Intelligence, source première d'où émane pour toutes choses, et dans la proportion de l'aptitude qu'ont les choses à la recevoir, l'illumination par les Idées. »

ὁ λόγος ὁ τοῦ τί ἦν εἶναι (**27**). — λόγον δὲ τοῦ τί ἦν εἶναι τὸν ὁρισμὸν εἶπεν (Simpl., **314, 23** ; cf. Philop., **244, 27**, et Bz., *Ind.*, **764 b 45**).

τὰ μέρη τὰ ἐν τῷ λόγῳ (**29-30**). — Selon Philopon (**245, 15**), les parties de la définition sont un autre nom des genres ; selon Simplicius (**314, 31**), ce seraient le genre et la différence.

§ ἔτι ὅθεν (**29**).... = τοῦ μεταβαλλομένου (**32**). — « En troisième lieu seulement il indique la cause efficiente, parce que ce qui se présente à nous tout d'abord c'est la chose produite et ses éléments ; puis, voyant qu'elle est produite, nous en cherchons la cause efficiente ; puis enfin, nous cherchons la cause en vue de laquelle agit l'efficient, en vue de laquelle la chose produite est produite. Il appelle l'efficient ὅθεν ἡ πρώτη τῆς μεταβολῆς ἀρχὴ ἢ τῆς ἠρεμήσεως, parce qu'il pense que la cause efficiente proprement dite est séparée de la chose produite et extérieure à elle ; car une cause [motrice] immanente se rattache, comme la forme et la nature, au principe formel [cf. Arist., *Méta.*, Λ, 4, 1070 b 22 : « Puisque ce ne sont pas seulement les conditions immanentes (τὰ ἐνυπάρχοντα) qui sont causes, mais aussi une condition extérieure, savoir le moteur, il est clair qu'il y a une différence entre le principe et l'élé-

ment, que tous les deux sont des causes, qu'il faut diviser
les principes en immanents et extérieur et que la chose
qui est extérieure comme mouvant ou mettant au repos
est un principe et une substance. » Voy. encore *ib.*, Б,
1071 a 13-17.].... Les instruments, eux aussi, sont regar-
dés comme des causes de mouvement, mais ce ne sont pas
des causes efficientes proprement dites, parce qu'ils ne
meuvent qu'étant mus eux-mêmes et non pas primordia-
lement.... Comme parmi les choses produites, les unes le
sont à la condition d'être mues, les autres par une mise
au repos, la cause efficiente est, d'une part, cause de mouvement et, de l'autre, cause d'immobilité » (Simpl.,
315, 6). — L'ἠρέμησις est la mise au repos (ἠρεμία), c'est-
à-dire l'acte d'arrêter un mouvement. Voy. *Phys.*, VI, 7,
238 a 18, 21 et 8 début. Le même principe doit être capable de produire et d'arrêter le mouvement. Voy. *De An.*, I,
3, 406 b 22.

τὸ μεταβάλλον (31). Selon Simplicius (315, 24), le principe qui fait changer est ici à titre de genre du principe
moteur, le mouvement étant une espèce du changement.
L'efficient est soit le principe propre de l'effet considéré,
soit le genre de ce principe.

§ ἔτι ὡς τὸ τέλος (32).... = τὰ δ' ὄργανα (195 a 3). — Les
mots ἢ τὰ φάρμακα (195 a 1) semblent bien avoir été lus
par Thémistius (171, 15) et par Simplicius (316, 3). Les
remèdes sont un exemple d'instruments (Simpl., *ib.*, 7).
Dans le même ordre d'idées, les commentateurs citent
comme autres instruments les lancettes. — Les actions et
les instruments sont les causes efficientes, en un sens
large, du résultat poursuivi comme but ; plus précisément,
ils en sont les causes instrumentales (αἴτια ὀργανικά). On
peut dire aussi qu'ils en sont les causes matérielles (Simplic., *ib.*, 8).

§ τὰ μὲν οὖν αἴτια (3).... = σωτηρίας (14). — σχεδόν (3) marque comme ἴσως une réserve de la prudence philosophique. Voy. Bz., *Ind.*, 739 a 53. — τὲ αὐτό (11) : « ἀλλ' οὐχ ὡσαύτως ἔχον » (Thémist., 171, 29). Cf., avec Simplicius (319, 11), *Phys.*, I, 7, 191 a 6.

§ ἅπαντα δὲ (15).... = φαινόμενον ἀγαθόν (26). — τόπους (15). Assurément, le mot τόπος, dans l'acception où la dialectique et la rhétorique l'emploient, peut signifier un genre, une classe. Mais, malgré le doute de Bonitz, il faut lire τρόπους, leçon des mss. F, I (de Bekker), de Thémistius (172, 3), de Simplicius (319, 18) et de Philopon (246, 22 et 25). Voy. Bz., *Ind.*, 767 a 51, b 14, 772 b 30.

τὰ μὲν γὰρ στοιχεῖα.... = καὶ τὸ εἶδος (16-21). « La matière [au sens propre], dit Alexandre (Simplic., 320, 1), reçoit la forme au moyen de l'altération, les lettres et les parties au moyen de la composition (σύνθεσις) (la syllabe, en effet, naît des lettres qui lui servent de parties). Quant aux corps premiers et simples qu'on appelle eux aussi les éléments [στοιχεῖα, du même nom que les lettres] des corps composés, la terre, l'eau, l'air, le feu, ils constituent les corps composés au moyen de la composition et de l'altération à la fois. Mais toutes ces choses restent immanentes à celles dont elles sont les causes matérielles. Les prémisses, au contraire (αἱ προτάσεις — sur la synonymie de πρότασις et de ὑπόθεσις, cf. Bz., *Ind.*, 651 a 47), ne sont pas immanentes à la conclusion ; elles en sont plutôt les générateurs (ποιητικαὶ μᾶλλον), mais, dans l'ensemble du syllogisme, elles sont présentes et elles y ont le rôle de matière, la conclusion ayant celui de forme. » « Remarquons pourtant, ajoute Simplicius, que les prémisses sont, en un sens, dans la conclusion même où elles sont réduites à l'unité. »

τὸ δὲ σπέρμα.... = κινήσεως (21-23). — « Aristote énu-

mère, ici encore en troisième lieu, la cause efficiente, et
il donne des exemples pour montrer sans doute les différentes nuances de la cause efficiente, comme plus haut
celles de la cause matérielle et de la cause formelle. Autre,
en effet, est, comme cause efficiente, l'auteur d'une décision, autre le médecin, autre la semence. L'auteur de la
décision fait commencer l'action sans mettre lui-même la
main à l'œuvre, le médecin met la main à l'œuvre, la semence tient, en quelque sorte, le milieu entre la cause
efficiente et la cause matérielle, puisque c'est par sa propre transformation qu'elle fait la chose produite, alors
que la cause efficiente proprement dite doit être, comme
l'accorde Alexandre lui-même, extérieure à la chose produite » (Simplic., 321, 3). — ἢ κινήσεως (23), que ne donne
pas le ms. E, manque aussi dans les meilleurs manuscrits
de Simplicius (321, 2, avec la note de Diels), mais se
trouve dans Philopon (247, 20).

τὰ δ' ἄλλα ὡς (23). — C'est le texte du seul ms. E; Simplicius (321, 14 et 17) a lu τὰ δὲ ὡς, que donne Bekker, ou
plutôt τὸ δὲ ὡς, comme Philopon (248, 1 et 2). τὸ δὲ ὡς,
c'est-à-dire τὸ δέ ἐστιν αἴτιον ὡς....

αὐτὸ ἀγαθὸν ἢ φαινόμενον ἀγαθόν (26). — Voy. *De Anima*,
III, 10, 433 a 27 : « C'est toujours le désirable qui meut,
mais le désirable peut être soit le bien, soit ce qui paraît
être le bien. » Cf. Rodier, II, 543. Il nous semble évident,
quoique les commentateurs ne l'aient pas compris, que le
bien réel et le bien apparent sont ici les variétés de la
cause finale, comme plus haut les lettres, les parties, les
prémisses sont celles de la cause matérielle, l'auteur d'une
décision et le médecin celles de la cause efficiente. Quelles
que soient les différences du bien réel et du bien apparent,
ils sont tous les deux de la classe des fins. Cf. Bz., *Ind.*,
3 b 10.

§ τὰ μὲν οὖν (25).... = κατὰ δύναμιν (195 b 16). — Chacune des quatre causes est susceptible d'être prise dans douze acceptions différentes et, de même, chacun des effets des quatre causes. Aristote énumère lui-même, en donnant des chiffres, la diversité de ces acceptions (195 b 12-16). Il est très clair que chacune des acceptions distinguées se subdivise selon qu'elle est prise elle-même dans le sens d'acte ou dans celui de puissance ; très clair encore qu'il faut opposer les causes ou les effets particuliers aux causes ou effets qui sont des genres et des universaux ; qu'il faut distinguer entre une cause ou un effet pris dans l'une des acceptions énumérées et une cause ou un effet pris à la fois dans plusieurs de ces acceptions combinées. Mais il reste une opposition qui n'est pas déterminée sans ambiguïté. Aristote veut-il, en effet, opposer les causes ou effets au sens propre aux causes ou effets par accident, ou bien, au contraire, les causes ou effets par accident mais particuliers, aux causes ou effets par accident mais qui sont des universaux ? Simplicius (324, 12) adopte la première interprétation, et il serait téméraire de lui donner tort avec une entière assurance, car la lettre du texte (195 a 32 et b 14) lui est certainement favorable. Cependant Philopon (248, 17 et 250, 17) adopte la seconde interprétation, et nous l'avons acceptée parce que la distinction du particulier et de l'universel apparaît comme générale, que, dès lors, elle s'applique à l'accidentel comme au par soi et que ce serait une faute logique de la produire à propos de l'accidentel comme si elle était quelque chose de nouveau : nous aimons mieux croire qu'Aristote l'a seulement rappelée après avoir distingué le par soi et l'accidentel. — Le même Philopon (249, 9) remarque avec justesse que les distinctions énoncées par Aristote ne séparent pas des termes concrets : ainsi ce terme : « le statuaire, » signifie à la fois la cause par soi et la cause prochaine de la statue, et il n'y a point de terme qui ne réunisse en lui plusieurs des acceptions de la cause, car elles ne sont séparables que par abstraction.

τρόποι (195 a 27). Plus haut (194 b 23 et 195 a 15), le mot τρόπος désignait l'une des quatre grandes classes entre lesquelles se répartissent les causes; ici il signifie des subdivisions de ces classes (Simplic., 322, 18).

ἀριθμῷ (28). « Les acceptions qu'Aristote dit être ἀριθμῷ πολλούς, ce sont par exemple l'art de bâtir, l'art du géomètre, l'art du menuisier, et les autres arts particuliers ; mais tous ces arts rentrent, en résumé, sous le chapitre de la cause [efficiente] par soi. » (Philop., 254, 27 ; cf. Simplic., 322, 22).

προτέρως καὶ ὑστέρως (30). Simplic., 322, 31 : .... « προτέρων μὲν ὄντων τῶν προσεχεστέρων, ὑστέρων δὲ τῶν πορρωτέρων. » C'est ainsi qu'il est dit dans les *Catégories* (5, 2 b 7) que les espèces et, d'une manière générale, le particulier, sont plus près des substances premières que les genres.

τεχνίτης (31). Les mots de praticien ou d'artisan ne pouvant être employés pour désigner celui qui possède et applique une connaissance technique, le terme de savant était le moins mauvais de ceux dont nous disposions pour traduire τεχνίτης.

τὰ περιέχοντα (32). Bz., *Ind.*, 581 a 37 : « περιέχειν logice de ambitu notionum. » Le περιέχον est donc ce qui embrasse, dans son extension, des termes plus particuliers.

τὸ καθ' ἕκαστα (32). Tel est le texte de Bekker. Mais quoiqu'il y ait dans Aristote des exemples de τὰ καθ' ἕκαστον (voy. ci-dessous 195 b 17 et Bz., *Ind.*, 226 a 11 et 20), peut-être n'y en a-t-il pas de τὸ καθ' ἕκαστα. Dans tous les cas, Philopon (255, 14) a lu τὸ καθ' ἕκαστον. — « Ces causes prochaines, Aristote les a appelées des causes καθ' ἕκαστα,

parce qu'on ne peut les diviser en causes plus particulières. » (Philop., *ibid*., 16.) Le χαθ' ἕχαστον, c'est tantôt le
singulier, l'individuel, tantôt l'espèce dernière εἶδος ἄτομον
ou ἀδιάφορον. Voy. Bz., *Ind*., 225 b 61 et 226 a 24.

Πολύκλειτος (34). « Ce Polyclète est le statuaire.... qui
avait fait une statue dont tous les membres étaient parfaitement proportionnés et en eux-mêmes et les uns par
rapport aux autres : on l'appelait pour cette raison le ca-
non de Polyclète. » Simplic., 325, 23 ; cf. P. Paris, *La
sculpture antique*, p. 254.

ἔστι δὲ.... = τοῦ ἀνδριάντος (195 b 1-3). Les mots χαὶ ὁ
μουσιχός (2), omis par le seul ms. E, ont été lus par Thémistius, 173, 11, Simplicius, 323, 21, et Philopon, 256, 9
et 16. — Philopon (256, 10) songe un moment à considérer cette phrase comme un développement et une preuve
de la précédente et à donner à δέ le sens de γάρ. Mais il propose aussi, avec raison et d'accord avec Thémistius (173, 8)
et Simplicius (323, 28), d'y voir l'indication d'une hiérarchie des causes accidentelles différente de celle que constituent l'accident et ses genres. Aristote, dit-il, « veut y
montrer que parmi les accidents de même rang [dans la
hiérarchie des genres], les uns sont plus propres et les
autres moins propres aux causes par soi, de sorte que par
πορρώτερον et ἐγγύτερον nous devions entendre plus propre
et moins propre [à la cause par soi] (οἰκειότερον χαὶ ἀνοικειό-
τερον). Aussi a-t-il pris des exemples tels que le blanc (ὁ
λευχός) et le musicien, dont l'un n'a pas plus d'extension
que l'autre; mais le musicien est plus propre [à la cause
par soi], car il n'appartient qu'à l'homme dont il est attribut par soi, et le blanc est moins propre [à la cause par
soi], car il appartient à beaucoup d'autres êtres que
l'homme. » On voit que la distinction reviendrait à celle
des accidents par soi, des attributs dont la notion envelop-

perait celle d'un certain sujet (ou y serait enveloppée; cf.
ad 192 b 22) et des accidents au sens propre du mot. —
En traduisant ὁ λευκός par « un blanc » et en donnant
ainsi à entendre qu'Aristote veut parler d'un homme de
race blanche, on commet évidemment un faux sens. Mais
« le blanc » paraîtrait répondre au neutre τὸ λευκόν et « un
être qui est blanc » serait bien long.

ὁμοίως.... εἰρημένοις (6-7). εἰρημένοις est le complément
de ὁμοίως (Simpl., 324, 22, et Philop., 256, 27). — On ne
voit pas pourquoi Aristote n'a pas employé, au lieu de
l'expression pénible ἐφ' ὧν αἴτια τὰ αἴτια, le mot αἰτιατά qui
ne lui est pas étranger. Voy. Bz., *Ind.*, 23 a 53.

ταῦτα κἀκεῖνα (10) : « τουτέστι καὶ τὰ αἰτιατὰ καὶ τὰ αἴτια »
(Simpl., 325, 9).

§ διαφέρει δὲ (16).... = καὶ ὁ οἰκοδόμος (20). — « Après
avoir dit τὰ ἐνεργοῦντα, Aristote a ajouté καὶ τὰ καθ' ἕκαστον,
non pas pour indiquer autre chose encore que l'actuel,
mais parce que l'actuel c'est le singulier » (Simpl., 325, 31).
— La cause et l'effet en acte sont simultanés. « Mais pour
ceux qui sont en puissance, ils n'existent pas toujours en
même temps. Aristote en a produit une preuve manifeste
dans le fait que le constructeur et la maison ne se corrompent pas en même temps, car, généralement, la maison
dure plus que le constructeur.... Quant à la qualification de
en puissance, il ne l'applique pas ici à ce qui est capable de
venir à l'existence, car ce qui a été déjà n'est plus capable
de venir à l'existence (et tels sont le constructeur qui a
construit et la maison qui a été construite); il l'applique à
ce qui est simplement l'opposé de l'actuel, c'est-à-dire à ce
qui n'est pas actuel : or, ce qui n'est pas actuel, c'est à la
fois ce qui est capable d'être actuel et ce qui a cessé de l'être »
(Simplic., 326, 2). — Depuis 194 b 23 jusqu'à 195 b 21, le
texte de la *Physique* est reproduit dans la *Méta.*, Δ, 2.

7

§ δεῖ δ'ἀεὶ (21).... = ἐπὶ πάντων (25). — L'ἀκρότατον αἴτιον
du présent paragraphe est évidemment identique à l'αἰτία
πρώτη de 194 b 20. Pourtant, on entrevoit tout de suite
une nuance entre les deux mots ἀκρότατον et πρώτη, et on
est tenté de se demander si la cause première est toujours
la cause la plus haute. Peut être la πρώτη αἰτία d'Aristote,
tout en comportant d'ailleurs une acception générale,
enveloppe-t-elle une dualité de sens. Ce qui est sûr, c'est
que quand on veut préciser la signification de la « cause
première », on se trouve d'abord en face d'incohérences,
au moins apparentes, chez les commentateurs et chez
Aristote lui-même. Voici les explications que les commentateurs donnent de notre passsage. « Aristote appelle
cause la plus haute celle qui s'appelle la cause au sens le
plus propre (τὸ κυριώτατον αἴτιον), et que d'autres nomment
αἴτιον συνεκτικόν [Il s'agit des stoïciens : leur αἴτιον συνεκτικόν
— ou peut-être ἑκτικόν, Alexandre, *De Fato*, 22; cf. Galien,
Defin. medicæ, definit. 157 — s'appelle encore αὐτοτελὲς;
c'est la cause suffisante. Voy. Sext., *Pyrrh.*, III, 15, et
Clément d'Alex., *Strom.*, VIII, 9, déb.]. Il en a éclairci la
notion par un exemple. Quand nous demandons pourquoi
l'homme construit, on nous répond : parce qu'il est constructeur. Pourquoi est-il constructeur? Par l'art de construire. Parvenue à ce point, la recherche du pourquoi
prend fin. Si donc il appelle cette sorte de cause la cause
la plus haute, c'est que, une fois que nous nous y sommes
élevés, nous nous arrêtons. Et en effet, au sens le plus
propre, la cause de l'action de bâtir c'est l'art de bâtir »
(Simplic., 326, 15). « Lorsqu'on cherche la cause, il faut
chercher la cause la plus haute, c'est-à-dire la cause la
plus prochaine (προσεχέστατον); car c'est le fait du savant,
quand il indique la cause, de ne pas indiquer la première venue, mais la cause au sens le plus propre, et la

cause au sens le plus propre, c'est la plus prochaine.
Ainsi, quand on nous demande pourquoi l'homme construit, nous ne devons pas répondre : parce qu'il est artisan, mais : parce qu'il est constructeur. Et pourquoi est-
il constructeur ? parce qu'il possède l'art de construire.
Aller plus loin n'aurait pas de sens, car la cause première
et la plus prochaine de la maison, c'est l'art de construire. »
(Philopon, 258, 16, et de même, 253, 30). « Il faut toujours
pour chaque chose chercher la cause au sens le plus
propre et la plus prochaine, c'est-à-dire celle sur laquelle
prend fin la recherche du pourquoi. Ainsi, pourquoi cet
homme est-il cause de la maison ? Parce qu'il est constructeur. Pourquoi, d'une manière générale, le constructeur
est-il cause de la maison ? Parce qu'il possède l'art de
construire. Parvenu là, il faut s'arrêter, car une question
nouvelle manquerait de sens. Donc, l'art de construire est
la cause première de la maison. » (Thémist., 174, 13.)
Jusqu'ici, les trois commentateurs paraissent s'accorder
assez bien ; mais Simplicius n'est guère explicite et l'accord ne porte en somme que sur cette assertion un peu
vague que la cause première ou la cause la plus haute,
c'est le dernier pourquoi (cf. *Phys.*, II, 7, 198 a 16). Simplicius eût-il dit précisément avec Philopon et Thémistius
que la cause première est la cause prochaine ? Il est permis d'en douter, quand on voit comment il a expliqué,
au commencement de la *Physique* (I, 1, 184 a 12), l'expression de αἴτια πρῶτα et le contexte. Les paroles d'Aristote
sont : τότε γὰρ οἰόμεθα γινώσκειν ἕκαστον, ὅταν τὰ αἴτια
γνωρίσωμεν τὰ πρῶτα καὶ τὰς ἀρχὰς τὰς πρώτας καὶ μέχρι τῶν
στοιχείων. Simplicius (11, 29) prenant, avec raison peut-
être, le mot de στοιχεῖα dans un sens très précis, celui de
causes immanentes, savoir la matière et la forme, s'exprime ainsi : « Aristote peut avoir écrit τὰ πρῶτα αἴτια καὶ

τὰς ἀρχὰς τὰς πρώτας, parce que autres sont les causes prochaines et particulières, autres les causes premières, et
que celui qui connaît les prochaines mais ignore les premières, ne connaît même pas, à proprement parler, les
prochaines, puisqu'il ignore les causes premières qui sont
causes des prochaines. On sait, donc, alors qu'on connaît
toutes les causes et tous les principes, et les causes premières et les causes prochaines qui sont les deux causes
immanentes (ἅπερ ἐστὶ στοιχεῖα). En outre, comme les
causes premières sont les unes propres à chaque ordre de
choses, comme pour la géométrie les définitions et les
axiomes, et les autres communes à tous les ordres,
Alexandre dit que celui qui veut savoir doit connaître ces
causes communes, en quoi Alexandre tient un langage
platonicien. » Philopon même, qui identifiait tout à
l'heure avec tant de décision la cause première avec la
cause prochaine, se montre moins affirmatif dans son
commentaire du début de la *Physique* (8, 11). « Aristote
dit ἀρχὰς πρώτας καὶ αἴτια, soit pour nous faire commencer
par les principes les premiers de tous et descendre après
cela jusqu'aux plus prochains; (car, effectivement, nous
n'avons la connaissance exacte de chaque chose que quand
nous en connaissons les principes tout à fait premiers,
les principes intermédiaires et les principés prochains
simultanés à la chose même, dernier point qu'il a indiqué
en disant καὶ μέχρι τῶν στοιχείων. En effet, la cause efficiente prochaine des choses naturelles, je veux dire leur
nature, est simultanée à la chose et en est l'élément,
puisqu'elle pénètre la chose entièrement.) ou bien par
ἀρχὰς πρώτας, il faut entendre les principes premiers de
chaque chose [c'est-à-dire de chaque ordre de choses], car
c'est ce qu'il indique lui-même en disant τότε γὰρ γνωσόμεθα
ἕκαστον. Nous connaîtrons la formation des météores

lorsque nous connaîtrons leurs principes tout à fait premiers en tant que météores, que leur matière est telle, leur forme telle, leur cause efficiente telle et leur cause finale pareillement. Car connaître la matière première, ce n'est pas connaître absolument les principes des météores comme météores, mais seulement comme corps. Lors donc que nous connaissons les principes propres (ἰδιαζούσας ἀρχάς) de chaque chose, cause efficiente et cause finale, et que nous sommes arrivés jusqu'à la connaissance des deux causes élémentaires de cette chose, je veux dire sa matière propre et sa forme, alors nous avons effectivement une connaissance exacte de la chose. » Si les causes premières restent encore pour Philopon dans ce passage des causes particulières, elles ne sont particulières que comme appartenant à un ordre de choses déterminé, à un genre autonome : mais elles sont certainement ce qu'il y a de plus universel dans ce genre; on ne pourrait plus guère les appeler des causes prochaines. Enfin, à propos du résumé du chapitre de la *Physique* qu'Aristote présente dans le premier livre de la *Métaphysique* (3, début), Alexandre (*Scholl.*, 530 b 33) s'exprime en des termes presque identiques à ceux que nous avons trouvés chez Simplicius commentant le début de la *Physique* : il faut connaître les causes initiales, car sans cela on ne connaîtrait même pas les causes prochaines. Qu'est-ce donc que la cause première pour les commentateurs? Ils hésitent, semble-t-il, entre la cause la plus éloignée du conditionné et la cause prochaine. — Même incertitude, dans le langage au moins, jusque chez Aristote. Au début des *Météorologiques*, les « premières causes » de la nature, ce sont les principes très généraux dont traite la *Physique* ; dans le deuxième chapitre du premier livre des *Météorologiques* (239 a 23), la cause première du cosmos, c'est la cause initiale, le premier moteur. Mais dans la *Génération des animaux* (IV, 1, 765 b 4), lorsqu'il se demande comment l'embryon prend un sexe, les explications tirées du froid ou du chaud régnant dans la matrice lui paraissent demeurer trop loin des causes : il faut, dit-il, s'approcher autant que possible des causes premières ; et cette cause première, savoir la prédominance de la semence mâle sur la semence femelle ou inversement (766 b 7), est une cause complexe enveloppant les causes générales comme l'action du froid et du chaud, une cause prochaine. Enfin, un passage connu de la *Métaphysique* (H, 4, 1044 a 32) paraît témoigner sans ambiguïté dans le même sens : « Lors donc qu'on cherche la cause, comme la cause se dit en plusieurs sens, il faut indiquer toutes les causes possibles. Par exemple, quelle est la cause matérielle de l'homme? Ne sont-ce pas les menstrues? Quelle est sa cause motrice? N'est-ce pas la semence? Quelle est sa cause formelle? La quiddité de l'homme. Quelle est sa cause finale? La fin de l'homme. Ces deux dernières causes n'en font d'ailleurs peut-être qu'une seule. Quoi qu'il en soit, il faut indiquer les causes les plus rapprochées (δεῖ δὲ τὰ ἐγγύτατα αἴτια λέγειν). Quelle est la matière? Ce n'est pas le feu ou la terre, c'est la matière propre. Voilà comment il faut procéder au sujet des substances naturelles et générables, si l'on veut procéder correctement, puisque tels sont le nombre et la nature des causes et qu'on doit chercher les causes. » — Quelle est donc la vraie pensée d'Aristote sur le rang hiérarchique des causes dont la connaissance constitue la science? Dire que sa pensée est double d'une dualité absolue, comme si les ἐγγύτατα αἴτια dont nous venons de l'entendre parler dans le livre H de la *Métaphysique* n'avaient aucun rapport avec l'αἰτία πρώτη de la *Physique* et des textes correspondants de la *Métaphy-*

sique, c'est lui prêter une incohérence bien invraisem-
blable. On ne saurait donc approuver ni Alexandre qui se
réfugie dans le silence et ne paraît même pas soupçonner
qu'on puisse rapprocher les deux ordres de passages, ni
Bonitz (*Métaph.*, ad 983 a 24), qui se contente de déclarer
qu'il n'est pas question des mêmes causes, tout en reconnaissant, comme on doit le faire, que les mots de αἰτία
πρώτη se prêtent à désigner une cause prochaine (et il
renvoie à *Méta.*, Δ, 4, 1015 a 7). La vérité est que, pour
Aristote, les causes premières sont tantôt les causes
initiales, tantôt les causes prochaines, l'unité se faisant
entre les deux notions dans celle de la cause immédiate,
c'est-à-dire de la cause qui n'est médiatisée par aucune
autre. Il n'y a pas science, nous disent les *Seconds analytiques* (I, 13, 78 a 24), si nos syllogismes ne partent pas
de principes immédiats, car le pourquoi scientifique est
la cause première. La science démonstrative part donc de
principes premiers et immédiats, antérieurs à la conclusion et, en eux-mêmes, plus connus qu'elle (*ibid.*, I, 2,
71 b 20). Or, qu'est-ce qu'il y a de commun entre une
cause qui suffit à expliquer son effet parce qu'elle contient toutes les déterminations requises pour cet office, et
une cause mécanique placée à la tête de la série de mouvements qui aboutit à l'effet, ou une cause matérielle dont
la matière est indécomposable en matières plus simples et
plus primitives, ou une cause (faut-il dire une cause formelle?) très générale dont la notion ne se résout plus en
notions moins complexes? L'élément commun est évidemment que chacune de ces causes est, en un sens, affran-
chie de toute dépendance par rapport à une autre cause,
qu'elle est une cause immédiate. Mais si la cause initiale
et la cause prochaine s'unifient ainsi dans la notion de
cause immédiate, il n'en est pas moins vrai que leur dua-

lité tend sans cesse à reparaître et que, en vertu de
l'orientation générale de l'aristotélisme, c'est la cause
prochaine qui doit prédominer, de sorte que, en fin de
compte, la cause première, ce soit surtout la cause prochaine. En effet, ce qui a le plus de valeur ontologique
pour Aristote, c'est le plus concret, et sa théorie de la
connaissance est, malgré tout, attirée dans la même direction. Par elle-même, la cause mécanique est bien peu de
chose à ses yeux, elle se confond presque avec la cause
matérielle, qui est à peine une cause, puisque la matière
est d'autant plus mêlée de privation qu'elle est plus matière; et, en revanche, les trois vraies causes : moteur,
fin, forme, ne font qu'un (*Phys.*, II, 7, 198 a 24); d'où il
suit que la cause efficiente n'est pas ce qu'entend par là le
mécanisme, mais un agent doué, et même au delà, de
toutes les perfections qu'on trouvera dans l'effet. Le premier moteur est ou veut être le plus concret des êtres.
D'autre part, Aristote admet bien que le général est principe d'explication (*Sec. anal.*, I, 31, déb.). Mais la portée
de cette thèse est singulièrement restreinte par la réserve
si connue qu'une démonstration ne peut partir d'un genre
pour passer à un autre, de la pure arithmétique, par
exemple, pour passer à la géométrie (*ib.*, I, 7). Dans le
chapitre même des *Seconds analytiques*, où nous lisions
tout à l'heure que la science est suspendue aux principes
immédiats, nous voyons que ces principes immédiats sont
en même temps des principes propres (ἐκ πρώτων δ' ἐστὶ
τὸ ἐξ ἀρχῶν οἰκείων — I, 2, 72 a 5). En somme, expliquer
par le général, ce n'est jamais pour Aristote que tirer
de la définition les propriétés qui y sont incluses, et la
richesse du contenu ne s'accroît pas quand on va de la
condition au conditionné. On voit donc bien que la cause
première est à ses yeux beaucoup plutôt la cause pro-

chaine que la cause initiale, quoique sous le nom de cause immédiate elle soit tantôt l'une et tantôt l'autre. L'expression de ἀκρότατον αἴτιον comporte au besoin la même ambiguïté que celle de αἰτία πρώτη : que si elle fait songer surtout à la cause qui a le plus de dignité ontologique, c'est-à-dire le plus de contenu, bien loin de trahir par là la pensée d'Aristote, elle nous en découvre la tendance prépondérante.

ὥσπερ καὶ ἐπὶ τῶν ἄλλων (22-23). — « De même qu'à propos de toutes les autres choses nous comprenons qu'il s'agit de celle que désigne proprement le nom, ainsi devons-nous faire à propos des causes. Par drachme, nous comprenons une drachme proprement dite, non une drachme contrefaite, par homme un homme proprement dit, non un homme mort. Pareillement il faut entendre par cause la cause proprement dite » (Simplic., 326, 21). Or, ce que désigne proprement le nom, c'est la chose non pas incomplète ou mutilée, mais pourvue de toutes ses déterminations. Quels sont les plaisirs humains proprement dits ? ceux qui achèvent les actes de l'homme parfait (Nic., X, 5, fin). Il faut chercher ce qui est naturel dans les êtres qui sont conformes à la nature bien plutôt que dans ceux qui sont dépravés (Polit., I, 5, 1254 a 36). C'est le meilleur et le plus précieux qui est antérieur par nature (Catég., 12, 14 b 4). Cf. Rodier, Morale à Nic., X° livre, p. 49, note 2.

§ ἔτι τὰ μὲν γένη (25).... = fin du chap. — Un effet pris comme un universel se rapporte à une cause prise comme un universel, un effet en puissance à une cause en puissance. A propos de cette dernière corrélation, les commentateurs remarquent à la suite d'Alexandre (Simplic., 326, 34; Philop., 254, 15) qu'elle fournit la solution du problème posé dans les Catégories (7, 7 b 30), celui de savoir comment certains corrélatifs peuvent n'être pas simultanés : ainsi, à supposer qu'il y eût une quadrature du cercle, elle existerait comme objet de science (ἐπιστητόν) et cependant la science (ἐπιστήμη) n'en existe pas. La réponse est qu'on rapporte dans l'exemple une science actuelle à un objet possible. En opposant une science possible à un objet possible, une science actuelle à un objet actuel, on voit que, comme il est juste, la simultanéité des corrélatifs peut être affirmée sans réserve.

CHAPITRE IV

§ Début = ἐπισκεπτέον (195 b 36). — τρόπον (33). Cf. 196 b 9. Il s'agit de savoir, relativement à la fortune et au hasard, « s'ils sont parmi les causes matérielles ou les causes formelles ou plutôt parmi les causes efficientes ou les causes finales, et s'ils sont parmi les causes par soi ou parmi les causes par accident » (Simpl., 333, 23; cf. 328, 6). τρόπος doit donc être pris ici dans le sens qu'il a 194 b 23 et non dans le sens différent de 195 a 27. — Les trois questions posées dans le paragraphe sont énumérées dans l'ordre régressif, inverse de celui que l'auteur suivra dans son exposition. Aristote s'occupera d'ailleurs pour commencer d'une question préalable, celle de savoir si la fortune et le hasard existent (Simpl., 328, 12, et Philop., 259, 13). Sur la place qu'occupe dans la recherche la question du ὅτι, cf. ad 193 a 1.

§ ἔνιοι γὰρ (195 b 36).... = ἀπὸ τύχης (196 a 11). — Ce paragraphe comprend deux objections contre l'existence de la fortune et du hasard. (1° Depuis 196 a 1 jusqu'à où τύχην 196 a 7 ; 2° depuis ἐπεὶ εἴ γέ τι 196 a 7 jusqu'à la fin du paragraphe.) La première, qui est scientifique ou démonstrative, consiste à dire que, pour tout fait vulgairement attribué à la fortune ou au hasard, il est possible de trouver une cause déterminée et que, par conséquent, toute autre cause qu'on invoquerait ne pourrait être qu'un pur nom. La seconde objection, qui est dialectique ou fondée sur l'opinion, fait valoir l'invraisemblance qu'il y aurait à croire que, si la fortune et le hasard étaient des causes réelles, ils eussent pu échapper aux yeux de tous les physiologues : car aucun d'eux ne leur a accordé une place parmi les causes (Simpl., 328, 17). Sur la différence du syllogisme scientifique ou démonstratif fondé sur la vérité, et du syllogisme dialectique fondé sur l'opinion, voy. *Top.*, I, 1, 100 a 27, et *Méta.*, Γ, 2, 1004 b 25.

ἀγοράσαι (196 a 5) : « τουτέστιν ἐν ἀγορᾷ διατρῖψαι ἢ καὶ ὠνήσασθαι » (Simpl., 328, 32). Philopon (263, 7) n'indique que le premier sens en se référant à Aristophane (*Cheval.*, 1374); mais le second (ou un sens voisin, celui d'acheter) se trouve deux fois dans les *Économiques* (voy. Bz., *Ind.*, 6 b 53). On ne voit aucune raison décisive pour choisir entre eux.

οὐδὲν διώρισεν (10). Les anciens (cf. ὁ παλαιὸς λόγος, 14, expression qui ne paraît pas pouvoir signifier ὁ πρότερος λόγος et que Simplicius, 330, 14, a prise dans le sens que nous lui donnons), c'est-à-dire les philosophes antérieurs à Platon (Voy. *Méta.*, Λ, 1, 1069 a 26, et Bz., *ad loc.*), ont bien rejeté l'existence de la fortune et du hasard, mais ils n'ont rien fait pour en déterminer la notion. Sur le sens de διορίζειν, voy. Bz., *Ind.*, 200 a 2 et 25.

§ ἀλλὰ καὶ τοῦτο (11).... = ἀπὸ τύχης (16). — En fait d'étrangetés et de choses inexpliquées, il y en a une à la charge de l'argument par lequel on prétend démontrer

que la fortune et le hasard n'existent pas. Il est bien vrai
que, comme on le dit, un événement qui se présente
comme fortuit peut toujours être rattaché à des causes
déterminées; mais, malgré cela, tout le monde persiste à
faire une distinction entre les événements fortuits et les
autres. Comment donc cela s'explique-t-il? C'est que, par
le fait de rattacher certains événements à des causes déterminées, on ne rend pas compte de tous les caractères de
ces événements; autrement dit ils ont en outre une cause
indéterminée. L'objection nous fait toucher du doigt
l'insuffisance des causes déterminées en nous y ren-
voyant et ainsi elle confirme ce qu'elle voulait ren-
verser (Thémist., 175, 25; Simpl., 329, 25; Philop.,
260, 21).

ὁ παλαιὸς λόγος (14). « πρὸς Δημόκριτον ἔοικεν εἰρῆσθαι »
(Simplic., 330, 15). Le commentateur aurait pu être plus
affirmatif encore, car il ajoute : « Ce philosophe, en
effet, tout en donnant à croire qu'il se sert de la fortune
dans sa cosmogonie, dit que, dans les choses plus particulières, la fortune n'est cause de rien et il les rapporte à
d'autres causes : ainsi la découverte d'un trésor a pour
cause l'action de creuser ou celle de planter un olivier, la
fracture du crâne de l'homme chauve, l'action de l'aigle
jetant sa tortue afin d'en briser l'écaille. *Voilà, en effet,
ce que rapporte Eudème.* » Cf. Zeller, tr. fr., II, 304-307.

§ διὸ καὶ (15).... = γίγνεσθαι (196 b 5). — C'est évidemment au mot διὸ qu'il faut faire commencer, avec Philopon (264, 2), la réfutation de la seconde objection contre
l'existence du hasard et de la fortune. Cette réfutation est
intimement liée dans le discours à celle de la première
objection. L'exposition des deux objections était liée d'une
façon analogue (196 a 7). — Les physiologues n'ont pas
traité du hasard et de la fortune : car, sûrement, il ne faut

pas croire que la fortune et le hasard se cachent sous quelqu'un des noms qu'ils donnent à leurs principes, amitié,
feu, esprit. On doit voir dans ces principes autant de
causes déterminées. Mais loin qu'on puisse arguer du
silence des physiologues pour rejeter le hasard et la fortune, on doit dire qu'ils ont commis une faute en ne s'en
occupant pas, et cela soit qu'ils n'en admissent pas, soit
qu'ils en admissent l'existence. Car s'ils ne l'admettaient
pas, comme ils avaient eux aussi devant les yeux le fait
que nous signalions tout à l'heure (διό, 196 a 16, rappelle
ce fait), savoir que, à côté des causes déterminées, les
hommes sont unanimes à invoquer la fortune et le hasard,
les physiologues devaient tâcher d'abord d'établir et de
persuader aux hommes que le fait dont il s'agit ne prouve
rien en faveur de la fortune et du hasard, puis de démontrer, en se fondant sur la notion de la fortune et du hasard (cf. οὐδὲν διώρισεν, 196 a 10), que ces causes indéterminées ne sauraient exister. Si, au contraire, les physiologues admettaient l'existence de la fortune et du hasard,
il va de soi qu'ils en devaient étudier la nature. Or, tout
en passant sous silence le plus possible la fortune et le
hasard, tout en les niant même quelquefois, ils en ont
admis l'existence puisqu'ils s'en sont servis. Ainsi a fait
Empédocle, ainsi Démocrite. Et le cas de celui-ci est pire
que celui d'Empédocle parce que, reconnaissant que les
choses du monde sublunaire dépendent de causes déterminées, il s'avise d'attribuer au hasard les phénomènes
célestes; doctrine qui exigerait qu'on observât le contraire de ce qu'on observe : il faudrait qu'on découvrît de
l'inégalité dans les phénomènes du ciel et qu'on n'en découvrît pas dans ceux du monde sublunaire. Cf. Simpl.,
330, 21; Philop., 264, 2; Thémist., 176, 24.

ἁμῶς γέ πως (196 a 16). — Nous avons adopté le sens indiqué par Simplicius (330, 9) et Philopon (264, 3). Mais peut-être bien faudrait-il entendre : « Aussi les anciens sages devaient-ils, en toute hypothèse (cf. 196 a 19), parler de la fortune.... »

Ἐμπεδοκλῆς οὐκ ἀεί.... (196 a 20). — Empédocle admet que le monde sort du sphérus et y rentre alternativement : la distribution des éléments peut, dit-il, n'être pas la même dans les diverses renaissances du monde ; ce n'est pas constamment, c'est seulement dans la période dont nous sommes témoins que l'air s'est placé au-dessus de la terre et de l'eau. Voy. Zeller, tr. fr., II, 228-231.

τὰ μόρια τῶν ζῴων ἀπὸ τύχης γενέσθαι (196 a 23) ; cf. *Phys.*, II, 8, 198 b 20, et Zeller, tr. fr., II, 236.

εἰσὶ δέ τινες (196 a 24). Il s'agit de Démocrite, voy. Zeller, tr. fr., II, 304 et principalement n. 2 de cette page.

τοὐρανοῦ τοῦδε (196 a 25). — Philop., 264, 23 : « θαυμαστικῶς κεῖται τὸ τοῦδε. » Il semble que, au lieu d'exprimer l'admiration, l'adjectif démonstratif ne fait ici que désigner notre monde par opposition au nombre infini des autres. Sur le nombre infini des mondes selon Démocrite, voy. Zeller, *ib.*, 313.

διακρίνασαν.... τὸ πᾶν (196 a 27-28). — En entendant qu'il s'agit ici de la séparation des quatre éléments (le feu formé d'atomes ronds et lisses, etc.), Philopon (264, 27) restreint à tort la pensée de Démocrite. Il s'agit probablement de cette ségrégation qui trie et réunit mécaniquement les semblables. Zeller, *ib.*, 311. — Si l'on prend le mot τὸ πᾶν dans son sens propre, il s'ensuit que, selon Aristote, les atomistes n'admettent pas qu'une partie de la matière reste chaotique. Elle serait tout entière enveloppée dans des mondes en train de s'organiser ou de se dissoudre.

οὐ γὰρ ὅ τι ἔτυχεν.... = ἄνθρωπος (196 a 31-33). — Le

premier des arguments d'Épicure pour prouver que rien
ne vient de rien (proposition admise aussi, comme on s'y
attend, par Démocrite, *Diog.*, IX, 44 ; cf. Zeller, *ib.*, 286,
n. 1 ; 290, n. 4), était que les caractères spécifiques d'un
animal ou d'une plante lui venaient toujours de ses ancê-
tres (Épic. dans *Diog.*, X, 38 ; *Lucr.*, I, 159-207), de sorte
que la conservation des espèces constituait pour les épicu-
riens le signe le plus frappant et le plus irrécusable du
déterminisme naturel. Le passage d'Aristote rend vraisemblable que Démocrite a pensé de même.

τὰ θειότατα τῶν φανερῶν (196 a 33). Sur cette désignation
des astres, cf. Bz., *Ind.*, 324 a 3.

ὁρῶντας.... = ἀπὸ τύχης (196 b 2-4). — Philop., 262,23 :
« Dans les choses célestes rien n'arrive d'une façon con-
tingente, il n'y a rien qui tantôt arrive et tantôt n'arrive
pas ; les choses célestes se comportent toujours de la
même manière.... ; mais les choses particulières [terres-
tres] ne possèdent pas la nécessité : car la nature ne fait
pas toujours des hommes à cinq doigts. » Voy. Arist.,
Gén. des an., IV, 10, 778 a 6 : l'indétermination de la matière enlève toute exactitude aux calculs et aux mesures
de la nature (οὐκ ἀκριβοῖ δὲ [sc. ἡ φύσις] διὰ...., τὴν τῆς ὕλης
ἀοριστίαν). Mais la substance sensible éternelle (*Méta.*, Λ,
1, 1069 a 30) n'a pas d'autre matière que la matière locale
(ὕλη τοπική. *Méta.*, Η, 1, 1042 b 5), c'est-à-dire la possibilité
de changer de lieu, et ce changement de lieu consiste uniquement dans une circulation éternelle et parfaitement
régulière (*De cœl.*, II, 7 déb., 6, 288 a 22).

§ εἰσὶ δέ τινες (196 b 5).... = fin du chap. — L'existence
de la fortune et du hasard se trouve confirmée par le fait
que certains hommes, tout en les mettant au-dessus de la
raison humaine, professent avec la majorité du genre hu-
main que ces causes existent. — Quels sont les partisans

de la fortune dont il est ici question ? Ce sont très probablement les hommes qui lui vouent un culte religieux et
lui élèvent des temples. Sans doute les Stoïciens ont dit
aussi de la fortune, comme le remarque Simplicius (333, 5),
qu'elle est insaisissable à la raison humaine et les *Placita*
(I, 29) attribuent à Anaxagore la paternité de l'opinion
stoïcienne. Mais il est inadmissible que les Stoïciens, dé-
terministes absolus, aient fait une place à la fortune. Ils
voulaient dire que les hommes appellent fortune une
cause qu'ils n'ont pas encore saisie, se servant ainsi d'un
mot pour cacher leur ignorance. Si donc Anaxagore est le
premier auteur de l'opinion stoïcienne, ce n'est pas lui
qui peut être visé dans le passage d'Aristote.

δαιμονιώτερον (7) est ici un pur synonyme de θεῖον. Voy.
Bz., *Ind.*, 164 a 24.

CHAPITRE V

---

§ Début = ὄντα ἴσμεν (196 b 17). — Le but du paragraphe est double (Thémist., 178, 24 ; Simplic., 333, 36) :
prouver démonstrativement et non plus en s'appuyant sur
des opinions (cf. ad 195 b 36) que la fortune et le hasard
existent ; commencer l'étude de leur essence. Tout le
monde applique le nom d'effets de la fortune (ou du hasard) aux événements exceptionnels et rares et, réciproquement, le nom d'exceptionnels ou de rares aux événements qu'on désigne d'un autre côté par le nom d'effets
de la fortune (réciprocité qui caractérise la définition.
Top., 1, 8, 103 a 7). Nous savons donc (ἴσμεν, 17) par l'ob-

servation du langage que effet de la fortune (ou du hasard) signifie événement rare et que fortune (ou hasard)
signifie cause d'événements rares. En d'autres termes,
lorsque nous disons : la fortune est la cause des événements rares, nous avons une définition nominale (ὁ ὁριζό-
μενος δείκνυσιν ἢ τί ἐστιν ἢ τί σημαίνει τοὔνομα. *Sec. Anal.*, II, 7,
92 b 26, cf. Trendelenburg, *Elem. logices Ar.*, § 55, 8° éd.)
de la fortune. Mais, d'autre part, nous pouvons montrer
que cette définition s'applique à quelque chose de réel et
même de physiquement réel, de sorte qu'il sera établi et
que la définition atteint bien, au moins en partie, l'essence
de la fortune et que la fortune existe effectivement. Pour
montrer que les faits exceptionnels et rares se rencontrent
réellement dans le monde, nous n'avons qu'à employer la
méthode de division (Thémist., 178, 28 ; Simpl., 334, 10;
Philop., 266, 30). Il y a d'un côté les choses nécessaires et
les choses qui ont lieu la plupart du temps; il doit y avoir
de l'autre par opposition aux choses qui ont lieu la plupart du temps (Thémist., *loc. cit.*), et d'ailleurs nous cons-
tatons qu'il y a (ὁρῶμεν, 10) des choses qui arrivent rarement.

αἰτία ἡ τύχη λέγεται οὐδὲ τὸ ἀπὸ τύχης (12). — Il faut, semble-t-il, mettre une virgule entre λέγεται et οὐδὲ, n'en pas
mettre après τύχης. On doit en effet, ici et dans tout ce
qui va suivre, distinguer, avec tous les commentateurs,
entre ἡ τύχη ou τὸ αὐτόματον qui sont des causes, des causes
efficientes (voy. plus bas, ch. VII, 198 a 2) et τὸ ἀπὸ τύχης
ou τὸ ἀπὸ τοῦ αὐτομάτου qui sont des effets au point de vue
de la causalité efficiente en même temps qu'ils sont des
fins, des causes finales. (Alexandre dans Simplicius, 349,
16 [sous la réserve qu'Alexandre croit que τὸ αὐτόματον désigne ordinairement pour Aristote l'effet du hasard ; mais
Simplicius établit victorieusement contre lui que τύχη et

αὐτόματον d'une part, ἀπὸ τύχης et ἀπὸ τοῦ αὐτομάτου de l'autre, sont des termes rigoureusement analogues] ; Simplic., 337, 31 ; 339, 4 ; Thémist., 182, 14 ; Philop., 278, 21.)

καὶ τὰ ἀπὸ τύχης τοιαῦτα (16). — « Il faut savoir que les choses rares ne sont pas toutes des effets de la fortune ou du hasard. Si on mange rarement d'un certain mets soit faute de ressources, soit parce qu'on ne l'aime pas, ce n'est pas pourtant par hasard qu'on le mangera quand on le mangera après l'avoir acheté soi-même et de son plein gré. Les grosses perles ne se trouvent pas souvent, cependant c'est la nature qui les produit, non le hasard, et celui qui les recueille ne les recueille pas par un effet de la fortune, car il s'est mis en route pour cela même, pour trouver des perles. Il y a beaucoup d'exemples pareils. » Philop., 271, 5. C'est qu'il est aussi illégitime de définir le fortuit par le particulier que le nécessaire par l'universel. Si Aristote parvient à dire sur le fortuit quelque chose qui porte, c'est grâce à l'emploi des expressions « par accident », « accidentel », auxquelles il prête au fond le sens non pas de rare, mais de contingent. Voir, au reste, le comment. du paragraphe suivant.

§ τῶν δὲ γινομένων (17).... = ἀπὸ φύσεως (22). — Les événements rares, effets de la fortune ou du hasard, ne sont pas seulement rares, ils sont encore tels que, en eux-mêmes, ils pourraient être des fins de l'homme ou des fins de la nature. Telle est la proposition qu'il s'agit d'établir ou plutôt de préparer par un nouvel emploi de la méthode de division. Les faits ne se divisent pas seulement en constants ou fréquents et rares, ils se divisent aussi en faits qui sont des fins et faits qui ne sont pas des fins (Thémist., 179, 12 ; Simplic., 335, 12 ; Philop., 267, 29). Mais le paragraphe ne se borne pas à énoncer cette division, il prouve encore que les faits rares peuvent apparte-

nir à la classe des faits susceptibles d'être des fins, Or en
quoi consiste la preuve? Selon les commentateurs (*loc.
cit.*), elle se ramène au syllogisme suivant de la troisième
figure : Les effets de la fortune sont des faits rares ; Les
effets de la fortune sont des faits susceptibles d'être pris
pour fin; Quelques faits rares sont susceptibles, etc. Mais
ils sentent bien qu'une telle suite d'idées est contraire à
l'ordre naturel : car la prémisse : Les effets de la fortune
sont des faits susceptibles, etc., est au fond postérieure à
la conclusion : « Quelques faits rares, » etc., pour nous qui
savons que les effets de la fortune sont, par définition,
des faits rares. Peut-être la pensée d'Aristote a-t-elle suivi
l'ordre naturel et se laisse-t-elle interpréter comme suit.
Posons d'abord, avec Simplicius, du reste (336, 16), qu'il
y avait intérêt à établir que les faits rares peuvent être
des fins : car on serait tenté d'arguer de leur rareté même
pour prétendre le contraire : un but se présentant volon-
tiers à la pensée, comme l'objet d'une activité régulière
constamment occupée de le poursuivre. Cela posé, Aristote aurait ainsi raisonné : Les fins relèvent du choix ou
n'en relèvent pas ; mais les deux sortes de fins (ἄμφω, 19.
Les commentateurs sont obligés d'entendre par ce mot,
d'une façon un peu forcée, la fortune et le hasard) sont
des fins l'une aussi bien que l'autre. Or les fins qui relèvent du choix sont contingentes et dès lors ne sont pas
plus souvent poursuivies qu'elles ne le sont pas, de sorte
qu'elles ne sont point parmi les faits qui arrivent la plupart du temps, mais plutôt parmi ceux qui arrivent rarement. (La προαίρεσις est une ὄρεξις βουλευτικὴ τῶν ἐφ' ἡμῖν.
Nic., III, 5, 1113 a 10 ; or comme nous ne délibérons pas
sur ce qui ne peut être autrement qu'il est — *Ib.*, VI, 2,
1139 a 13, — c'est donc sur le contingent que nous délibérons. Les objets du choix, dit avec raison Philopon —

z6.², '1 — ne sont pas précisément ἐπ' ἔλαττον, ils sont ἐπ' ἴσας; mais, ajoute avec raison Simplicius — 334, 18 — ce qui est ἐπ' ἴσης est ἐπ' ἔλαττον par comparaison avec ce qui est ὡς ἐπὶ τὸ πολύ.) Donc parmi les faits rares il y en a qui peuvent être poursuivis comme des fins. Avec cette explication la suite des idées est toute naturelle : 1° Les effets de la fortune sont des faits rares; 2° (lemme) Il peut y avoir parmi les faits poursuivis à titre de fins des faits rares : témoin ceux qui relèvent du choix; 3° Les effets de la fortune sont des faits susceptibles d'être pris pour fins. Malheureusement l'explication se heurte à une difficulté : si tous les effets de la fortune sont tous les faits rares, il est impossible d'alléguer une certaine classe de faits qui seraient rares sans être des effets de la fortune; or tels seraient précisément, dans l'interprétation que nous proposons, les faits qui relèvent du choix. Comment donc sortir d'embarras ? Thémistius (179, 8) nous en fournit un moyen qui a en outre l'avantage de pallier l'insuffisance choquante que nous avons trouvée dans l'identification absolue des effets de la fortune avec les faits rares. Au lieu de prendre les paroles d'Aristote (15-17) au pied de la lettre, il faudrait entendre : les effets de la fortune sont des faits susceptibles d'arriver rarement et les faits qui arrivent rarement sont susceptibles d'être des effets de la fortune.

§ τὰ δὴ τοιαῦτα (24).... = διανοίας (197 a 8). — Nous voici au passage capital des chapitres IV-VI. Aristote, en effet, définit dans ce passage non pas sans doute la cause des faits fortuits en général, c'est-à-dire le hasard (voy. plus bas, 6, 197 b 20-22 : le hasard, au sens étroit, s'oppose à la fortune; au sens large, il comprend cette espèce de hasard et la fortune), mais la fortune. Cependant la définition de la fortune contient tous les éléments vraiment intéressants

qui constituent, dans la pensée aristotélicienne, la notion
du fortuit. Nous devons donc insister d'une façon particu-
lière sur le passage que nous abordons. Après en avoir
donné l'explication littérale dans l'ensemble et dans les
détails, nous tâcherons d'en pénétrer l'esprit. — A la fin
du paragraphe, la fortune est définie : la cause par accident de faits susceptibles d'être des fins quand ces fins relèveraient de la pensée, ou plutôt encore du choix, et non
de la nature. Il est sous-entendu que les causes efficientes
réelles des effets de la fortune sont toujours des hommes
(cf. plus bas, 6, *loc. cit.*, et *ad loc.*) : de sorte que les effets
de la fortune sont des faits susceptibles d'être accomplis
par choix et qui sont accomplis effectivement par notre
activité élective quoique, dans l'espèce, nous ne les ayons
pas choisis et voulus. L'exemple qui la précède assigne à
l'effet de la fortune quatre caractères, dont le premier est
omis dans la définition. Ce sont : 1° que le créancier ne se
rende pas constamment (ἐξ ἀνάγκης, 197 a 1; ἀεί, 4) ni
même la plupart du temps (196 b 36) sur la place publique
(car c'est évidemment, comme l'ont compris tous les commentateurs, le lieu auquel songe l'auteur; cf. plus bas,
197 a 16), pour une raison quelconque; ou encore que
le créancier n'ait pas donné rendez-vous une fois pour
toutes à ses débiteurs sur la place publique pour y opérer
ses recouvrements (197 a 4); en un mot la rareté du fait;
2° et 3° que le fait soit susceptible d'être une fin et une fin
objet de choix : tel l'acte de toucher de l'argent; 4° qu'il
se produise par accident et sans être en réalité poursuivi
comme fin par l'agent (196 b 34-36).

ὥσπερ γάρ.... = συμβαίη (196 b 24-29). Il faut mettre un
point en bas avant ὥσπερ et placer tout le passage entre parenthèses. οὖν (29) indique une reprise du développement
interrompu; ἐλέχθη (29) renvoie manifestement aux lignes

23-24 et τοῦτο (30) équivaut à τὸ γίνεσθαι κατὰ συμβεβηκός
(voy. 23). — Selon Simplicius (337, 11) et Philopon (273,
19), le mot ὄν (24) aurait un sens très affaibli et équivau-
drait à ι.:ειατόν : à des effets accidentels il faut des causes
par accident. Selon Alexandre (dans Simpl., *loc. cit.*, 8 ; de
même Thémist., 180, 29), ὄν désignerait la substance par
opposition aux accidents : opinion insoutenable, dit avec
raison Simplicius, parce que les accidents représentés par
les catégories autres que la substance lui appartiennent
nécessairement. Il nous paraît que ὄν désigne d'une manière générale ce qui est καθ' αὐτό dans l'une quelconque
des catégories, et συμβεβηκός l'opposé. — Tous les commentateurs se sont aperçus (Thémist., 181, 9 ; Simplic., 337,
15 ; Philop., 270, 4) que l'assimilation établie par Aristote
entre la fortune et les causes par accident telles qu'il les
entend ici (et plus haut 3, 195 a 32) est inexacte ; car, disent-ils fort bien, le blanc et le musicien sont des accidents
du constructeur et deviennent, à ce titre, causes de la
maison à côté de la cause par soi ; mais un effet de la fortune ne comporte pas une cause par soi et d'autres causes
qui se rattachent à celle-là comme ses accidents ; il ne
comporte qu'une seule et même cause et, si cette cause est
dite accidentelle, ce n'est pas parce qu'elle est l'accident
d'une autre cause, c'est parce que à la fin qu'elle poursuit
s'attache comme accident de cette fin un effet qu'elle n'a
pas poursuivi intentionnellement. Dans le premier cas, en
un mot, l'accident est un accident de la cause ; dans le second, au contraire, l'accident est un accident de la fin et
la cause n'est dite cause accidentelle que parce qu'elle est
la cause d'un accident. Elle n'est point un accident de la
cause. Se rendre à la place publique pour y faire un achat
est la cause accidentelle du fait de toucher de l'argent,
parce que ce fait est un accompagnement accidentel de

celui de faire un achat. Remarquons pourtant en faveur
d'Aristote que la fortune ou le hasard est, en un autre
sens, un accident de la cause par soi. Qu'est-ce, en effet,
que la fortune ou le hasard ? C'est le caractère accidentel
de la cause par soi que l'on pose à part de cette cause comme
une cause distincte ; c'est donc l'accident de la cause déta-
ché de la cause dont il est l'accident. Il doit seulement demeurer entendu que la fortune ou le hasard est un accident de la cause indirectement et parce que le fait fortuit
est un accident du résultat poursuivi comme fin, tandis
que le blanc ou le musicien est directement un accident de
la cause. L'assimilation établie par Aristote entre la cause
accidentelle et la fortune ou le hasard pèche surtout par
l'ambiguïté de l'expression de cause accidentelle. Il a senti
qu'on pouvait appliquer cette expression à la fortune ou
au hasard. Il n'a pas démêlé en quel sens. — τὸ μὲν ῥὸν
κχθ' αὐτὸ.... = συμ$αίη (27-29). Comme un accident n'est
attaché à ce dont il est l'accident par aucune raison tirée
de la nature de l'un ni de celle de l'autre, l'accident peut
être quelconque et par suite tout peut être accident de
tout. Voy. *Métaph.*, E, 2, 1027 a 5 : « Les autres choses
comportent des pouvoirs pour les produire ; mais ces
choses-ci [les accidents] ne relèvent d'aucun art, d'aucun
pouvoir déterminé ; car de ce qui est ou devient par accident, les causes aussi sont accidentelles. » Cf. *ibid.*, 4,
1027 b 34, et K, 8, 1065 a 26.

κομιζομένου (196 b 34). — κομισόμενος que donnait la Vulgate d'Aristote, et que donne encore Bekker, est une leçon
connue de Philopon (274, 21), mais qu'il déclare infé-
rieure. Quant à nous, nous voyons mal quel sens auraient
les mots εἰ ἤδει (34). « Il serait venu en vue de recevoir
de l'argent, pour toucher le montant de la quête, s'il avait
su. » S'il avait su quoi ? Ceci, sans doute, que la quête de-

vait avoir lieu. Possible à la rigueur, cette explication est
pénible. Le ms. E portait κομιζόμενος, mais le reviseur a
corrigé en κομισαμένου. κομιζομένου est la leçon de Thémistius (182, 4), de Simplicius (336, 4 et 30, 338, 29), de Philopon (*loc. cit.*).

τοῦ κομίσασθαι ἕνεκα (196 b 35-36) a été lu par Simplicius
(336, 5) et par Philopon (274, 9 et 23) et figure d'ailleurs
dans tous les manuscrits d'Aristote. Il faut entendre
comme s'il y avait : συνέβη αὐτῷ ἐλθόντι ποιῆσαι τοῦτο [sc.
ἐλθεῖν] τοῦ κομίσασθαι ἕνεκα. Le fait de toucher de l'argent
est une fin accidentelle de l'action d'aller à la place publique. Ce n'est pas pour toucher de l'argent que le créancier est. allé à la place publique : dire que, étant allé à la
place publique, il l'a fait pour toucher de l'argent, c'est
énoncer non la fin réelle,. mais la fin accidentelle du dé-
placement accompli par le créancier.

τῶν ἐν αὐτῷ αἰτίων (197 a 1-2). Le recouvrement ne fait
pas partie des causes finales impliquées dans l'essence de
l'agent comme sont les causes finales des êtres naturels
en tant que naturels, car ces causes finales sont la nature
même des êtres. En un mot, le recouvrement n'est point
une fin immanente (Simplic., 339, 14 ; Philop., 275, 13).

ἀπροαιρέτων καὶ οὐκ ἀπὸ διανοίας (197 a 2). — Cette leçon
mentionnée par un manuscrit de Bekker et par Alexandre
dans Simplic. (339, 19), malgré la justification apparente
qu'elle peut tirer, comme le remarque Simplicius, des
mots εἰ δὲ προελόμενος à la ligne suivante, fausse le sens.
La leçon généralement adoptée (προαιρέτων καὶ ἀπὸ διανοίας)
convient seule. Il ne s'agit pas d'indiquer que le fait fortuit a lieu sans être poursuivi intentionnellement et par
la pensée, mais que, en lui-même, il est susceptible d'être
choisi et conçu comme fin.

Réduite à ses termes exprès, la définition de la fortune

que donne Aristote se compose de deux éléments : 1° le
fait qui joue le rôle d'effet de la fortune doit être en lui-
même susceptible d'être une fin. Si nous voulions insister
sur la différence spécifique de la fortune selon Aristote, il
faudrait dire : une fin pour la pratique humaine. Mais, ce
qui nous intéresse, c'est de chercher dans la définition
que nous analysons les caractères constitutifs du fait fortuit en général, tel que le comprend l'auteur. Le hasard,
en toute doctrine, c'est l'indéterminisme, absence de cause
ou absence de fin. Mais Aristote ne connaît que le hasard
par absence de fin. Aussi le premier élément de sa définition contient-il d'abord l'idée que le fait fortuit se définit
en fonction de la finalité. Ce que contient ensuite ce premier élément s'explique par les habitudes de prudence
ou, si l'on veut, d'empirisme qui sont inhérentes à la pensée aristotélicienne. Aristote ne part pas de la notion du
déterminisme (notion qui n'était pas d'ailleurs complète-
ment mûre chez lui) pour y trouver celle de finalité et
pour affirmer en conséquence que tout fait doit avoir une
fin, donc que tout fait qui n'est pas produit à titre de fin
est par là fortuit. Malgré son finalisme et bien qu'il professe explicitement (plus bas 6, 198 a 9) que le hasard
n'est pas primitif, il regarde comme possible que certains
faits soient, par essence, étrangers à la finalité. L'absence
de finalité dans de tels faits ne marquerait donc point en
eux un manque de détermination. C'est pourquoi il a dit
non seulement que le hasard est constitué par un manque
de finalité, mais par un manque de finalité dans des faits
qui sont susceptibles de revêtir le caractère de fins. 2° Le
fait qui joue le rôle d'effet de la fortune n'est, par rapport
à sa cause efficiente, qu'un accident. Ici nous sommes
au cœur de la définition d'Aristote, car c'est en tant qu'il
est un accident que le résultat amené par la cause effi-

ciente est fortuit. Le second élément se décompose en
deux moments, le premier négatif, l'autre positif : A. La
cause efficiente, qui est une cause agissant pour des fins,
ne contribue en rien à la production du fait fortuit, en
tant que ce fait serait pour elle une fin : il n'est pas sa fin,
elle ne le produit que comme résultat (cf. plus bas 6,
197 b 22-38). B. Le fait fortuit est lié, mais d'une façon qui
n'a rien de téléologique, il est lié mécaniquement à la fin
poursuivie par la cause efficiente. En résumé, un fait fortuit est celui qui n'est pris réellement pour fin par aucune
cause efficiente (2° A), qui se produit parce qu'il est une dépendance mécanique de la fin poursuivie par la cause efficiente (2° B) et qui, en lui-même, serait susceptible d'être
poursuivi comme une fin (1°). Nous appelons hasard l'absence de toute activité téléologique comme cause du fait
fortuit. Si, trompés par l'apparence positive du nom, nous
nous laissons aller à lui prêter une signification positive,
alors nous réalisons le hasard à la manière de ceux qui
élèvent des temples à la Fortune. — Reste maintenant le
caractère accessoire de rareté qui ne figure pas expressément dans la définition aristotélicienne de la fortune,
mais qui est indiqué avec insistance à propos de l'exemple dont la définition est précédée. Il faut, dit Aristote,
1° que le créancier n'aille pas constamment ou le plus
souvent à la place publique dans quelque but que ce soit;
2° qu'il n'ait pas prescrit à ses débiteurs de se rendre sur
la place publique et contracté lui-même l'habitude de s'y
rendre pour le règlement des dettes. — Que si l'on prend
les choses en gros, il y a certainement quelque justesse à
caractériser les évènements fortuits par leur rareté. Car,
le plus souvent, un évènement dépend d'un grand nombre
de conditions coordonnées et la réunion de ces conditions,
leur collaboration à une œuvre commune, a bien peu

de chances de se produire, bien moins encore de se répéter, quand une raison, une fin notamment, n'est pas là
pour les rassembler. Mais il va de soi que, à y regarder
de plus près, on s'aperçoit que la rareté n'est pas le signe
infaillible de la contingence. Mettons que les faits contin-
gents soient toujours rares ; par contre, un fait unique
dans l'histoire du monde peut parfaitement être nécessaire. C'est ici comme partout : le point de vue de l'extension expose le penseur qui s'y place à des inductions
superficielles et à des méprises. Toutefois, lorsqu'il parle
de la rareté des phénomènes fortuits, Aristote cache sous
ce mot de rareté une pensée plus profonde et vise, bien
que d'une façon à demi inconsciente, un caractère indé-
fectible des faits de hasard. En parlant de rareté, il songe,
au fond, à l'imprévisibilité : il veut dire qu'un événement
fortuit ne saurait être immanquable ni, par suite, absolument prévisible. Toute voisine qu'elle soit à certains
égards de celle de Cournot, sa théorie du hasard repousse
assurément le paradoxe auquel Cournot, au contraire, se
complaît. En faisant consister le hasard dans la rencontre
sans raison, et spécialement sans fin, de séries de causes
indépendantes, Cournot veut que toutes les rencontres,
quelles qu'elles soient, ne laissent pas d'être infaillible-
ment déterminées et prévisibles en vertu du jeu de la causalité pure ou mécanique : si bien que l'on finit par ne
plus comprendre où résidera l'égale possibilité d'être et
de n'être pas qui est essentielle à tout fait fortuit. L'auteur de l'*Hermenéia* a une notion trop nette et trop forte
de la contingence pour tomber dans un pareil défaut : il
entend que le fait fortuit est imprévisible et, plus au
fond, imprédéterminé. Il a beau définir le hasard par
l'absence de finalité, et non par l'absence de causalité, cela
ne l'empêche pas d'être convaincu que l'absence de fin en-

traîne l'indéterminisme. Est-ce, dans sa pensée, que la causalité pure serait encore quelque chose d'abstrait qui ne pourrait se réaliser en un déterminisme effectif qu'à la condition de s'adapter à des fins, de sorte que l'absence de fin retentirait sur la causalité elle-même pour la paralyser ? Force est bien d'avouer que cette manière de subordonner le mécanisme à la finalité paraît étrangère à Aristote. Nous croirions plutôt qu'il attribue à la finalité, sans préciser comment, une action réelle dans la détermination des phénomènes, ou du moins de certains phénomènes, et, par conséquent, qu'il considère l'absence de la finalité, là où elle devrait être présente, comme amenant une rupture dans le déterminisme. De fait, non seulement Philopon (276, 31) a dit (et ce langage peut, d'ailleurs, se déduire du texte même de la *Physique*, 197 a 14) que le hasard, étant une cause par accident, n'est pas une cause et que, dès lors, ses soi-disant effets sont *des faits sans cause*, mais Aristote enseigne expressément que le hasard, s'il était une cause réelle, serait une cause au service d'une fin, *une cause efficiente* (198 a 2). — Quant à la question de savoir pourquoi Aristote, tout en admettant de l'indéterminisme, a pourtant conçu le hasard comme constitué par un néant de finalité, non par un néant de causalité, voici sans doute comment on peut y répondre. En premier lieu Aristote trouve le problème du hasard déjà résolu et, conséquemment, déjà posé par Démocrite et par Empédocle : celui-là professe qu'il n'y a point de hasard parce qu'un événement a toujours des causes déterminées (198 a 1 et 9), et lesdites causes déterminées sont des causes mécaniques ; celui-ci invoque un hasard qui tient chez lui la place vide des causes finales (196 a 20 et 198 b 16). D'une part donc parce que le mécanisme pur laissait encore, quoi qu'on en dît, subsister du hasard ; de l'autre, parce que ce hasard impliqué par le mécanisme pur était reconnu et a..pté, Aristote se trouvait puissamment sollicité par ses prédécesseurs à chercher dans l'absence de finalité la définition du fait fortuit. En second lieu, de quelque façon que cela s'explique, le hasard que constitue l'absence de finalité semble bien se constater dans la nature, et on sait combien Aristote aime à partir de l'expérience, lors même qu'il s'agit d'essences et de définitions. Enfin, bien que nous ayons été fondés à dire précédemment qu'Aristote hésite devant l'affirmation que tout phénomène a une fin, on ne peut contester que pour lui la vraie cause, la vraie raison, ce soit la fin (chap. IX; surtout 200 a 32) : par conséquent le hasard, ce néant de raison, devait être pour lui, avant tout, un néant de fin.

§ ἀόριστα μὲν οὖν (197 a 8).... = οὐθέν (32). — Comme « la meilleure définition est celle avec laquelle s'accordent toutes les affirmations du sens commun sur l'objet » (Philopon, 277, 13 ; cf. Arist., *De Anima*, I, 1, 402 b 26, et Rodier, II, 23-24), tout le paragraphe va avoir pour but d'établir que les différentes qualités attribuées à la fortune, y compris la propriété d'être soit bonne soit mauvaise, se déduisent toutes de la définition précédemment énoncée. (Simplic., 340, 13 ; 345, 2 ; Philop., 276, 3. Ils ne montrent pas assez toutefois que la propriété d'être bonne ou mauvaise est mentionnée, comme les autres, à titre de conséquence de la définition.) Dès lors les lignes 20-25 (ὥστ' ἐπειδὴ.... = αἰτίων) doivent être mises entre parenthèses. — Étant accidentelles, les causes des faits fortuits sont indéterminées (cf. ci dessus, 196 b 27); la fortune qui est la cause verbalement réalisée d'une certaine espèce de ces faits est, par suite, ainsi qu'on le dit, du nombre des choses indéterminées (ainsi faut-il entendre ἔθεν καὶ ἡ τύχη τοῦ ἀορίστου θ, avec Thémistius, 183, 4,

et Philop., 276, 6, et non avec Simplicius, 340, 17 : τοῦ
ἀορίστου αἰτία ἡ τύχη). Première qualité de la fortune qui
découle de la définition (la fortune est la cause par accident, etc.). On dit que la fortune est quelque chose de ca-
ché et de mystérieux pour l'homme ; et en effet l'accidentel est indéterminé, l'indéterminé est inaccessible à la raison puisqu'elle a pour objet le déterminé (Simpl., 341, 11).
Toutes ces affirmations sont justes, dès qu'elles sont fon-
dées en raison, c'est-à-dire dans la définition de la fortune (Simpl., 341, 25 ; Philop., 277, 10). De même celle-
ci : que la fortune ne produit rien et n'est point une
cause : car la fortune n'est pas une cause par soi (ὡς δ'
ἁπλῶς οὐδενός, 14. — Simpl., 342, 2, et Philop., 277, 17,
expliquent ἁπλῶς par καθ' αὑτὸ καὶ κυρίως) mais une cause
par accident, c'est-à-dire une cause par équivoque et par
pseudonyme (Philop., 276, 29). Si on le préfère, on peut
justifier cette même proposition que la fortune n'est pas
une cause en se fondant sur ce que la fortune n'est qu'une
cause indéterminée : car une cause indéterminée n'est pas
une cause, puisque ce n'est pas plutôt ceci que cela qui
est cause. (Tel nous paraît être le sens des lignes 15-18 :
καὶ τοῦ ἐλθόντα.... = φεύγων, qu'aucun des trois commentateurs n'a serrées de près. — L'exemple de cause par accident — 15 — ne s'applique à la fortune que d'une manière imparfaite, cf. ad 196 b 25. — Après φεύγων — 18 —
il convient, sans doute, malgré le silence de nos manuscrits, de lire avec Simplicius, 340, 26 ; 341, 19, et Thémistius, 183, 13 : θεασάμενος ou, d'après la correction de
Spengel, θεασόμενος.) On dit vrai encore quand on affirme
que la fortune est quelque chose de contraire à la raison :
car, parmi les devenirs, ceux-là seuls sont objets de la raison, qui sont stables et uniformes (cf. Philop., 276, 24 :
ὁ γὰρ λόγος τῶν ἑστώτων ἐστί), tandis que les effets de la for-

tune sont exceptionnels. Qualifie-t-on la fortune de bonne ou de mauvaise, emploie-t-on les expressions de εὐτυχία et de δυστυχία pour attacher à la fortune, mais à un plus haut degré, les idées de bien et de mal ? On n'a pas tort, car la fortune étant la cause (par accident) de faits susceptibles d'être des fins est donc la cause (par accident) de biens ou de maux, puisque fin et bien sont identiques (cf. ce passage d'Eudème dans Simplicius, 336, 20, où le disciple d'Aristote veut prouver que la fortune est de l'ordre des causes qui agissent pour des fins : « Là où il y a prospérité et infortune, là est la fortune : or, il y a prospérité et infortune là où il y a obtention ou perte d'un bien : car quiconque agit en vue d'une fin aspire à un bien. » Voy. d'ailleurs plus bas, 6, 197 b 1. — En traduisant les lignes 27-30, διὸ.... = δοκεῖ, nous avons adopté le seul sens naturel. C'est celui de Philopon, 279, 24, c'est aussi celui que préfère Simplicius, 344, 22. — La leçon εὐτυχεῖν ἢ ἀτυχεῖν — 28 — appuyée par le ms. E et par Simplic., 344, 29, et Philop., 279, 22, au lieu de δυστυχεῖν ἢ εὐτυχεῖν, donné par le reste des manuscrits, est, en même temps que la plus autorisée, la plus satisfaisante pour le sens.) Enfin l'opinion commune parle à juste titre de l'instabilité de la fortune prospère : celle-ci est instable puisque la fortune l'est comme portant sur ce qui, au lieu d'être constant, est exceptionnel.

Reste à expliquer la parenthèse ὥστ' ἐπειδὴ.... = αἰτίων (20-25). A la ligne 23, il faut lire εἴλησις avec un esprit rude et non, comme Bekker et Prantl, avec un esprit doux : car, comme l'explique Simplicius, 343, 2, εἴλησις, c'est ἀπὸ ἡλίου θέρμη. Philopon, 278, 23, et Thémistius, 183, 23, ont lu, ce qui ne change rien au sens, εἰληθέρησις. — Les causes des faits exceptionnels sont des causes accidentelles, et, par suite, indéterminées; ou encore la fortune est une cause indéterminée. Cependant pourra-t-on dire, comme il le faudrait d'après les vérités que nous venons de rappeler, que les effets de la fortune (τῆς τύχης 22-23 τουτέστι τοῦ ἀπὸ τύχης, Simplic., 342, 28 ; cf. Philop., 278, 21) aient pour cause n'importe lequel des événements qui les amènent mécaniquement? On se fait couper les cheveux étant malade, on a ainsi la tête exposée aux rayons du soleil et aux courants d'air, il en résulte une évaporation de l'humidité cérébrale et enfin la guérison sans qu'on l'ait poursuivie comme but. Cette guérison fortuite n'a-t-elle pas pour cause l'action du soleil, ou celle de l'air plutôt que le fait d'avoir eu les cheveux coupés? Ce sont là sans doute trois causes par accident de la guérison : mais ce ne sont peut-être pas trois causes indéterminées, c'est-à-dire équivalant l'une à l'autre et telles qu'on puisse indifféremment rapporter l'effet à l'une ou à l'autre. Car, ainsi qu'on l'a vu plus haut (3, 195 b 1), parmi les accidents, les uns sont plus près que les autres d'être la cause. Cette difficulté dont Aristote, dit Simplicius, nous laisse la solution à deviner, se résout d'après Simplicius (343, 8) et d'après Thémistius (183, 28) qui exprime la même opinion avec plus de clarté, en disant que si nous comparons entre elles diverses causes accidentelles du fait fortuit, les unes nous paraîtront plus causes que les autres, mais que si nous cherchons à choisir l'une de ces causes pour affirmer non pas qu'elle est plus ou moins cause que les autres, mais que c'est elle qui est la seule et vraie cause, la cause déterminée de l'événement, nous ne pourrons pas aboutir. Mais Thémistius et Simplicius sont-ils sûrs qu'on puisse toujours, même parmi les causes par soi, attribuer la causalité véritable à une seule cause? D'autre part, être plus cause qu'une autre cause n'est-ce pas, d'une certaine manière, être une cause déterminée, à

savoir une cause d'un rang déterminé et n'est-ce pas cela
même qu'Aristote signale comme incompatible avec la
notion de cause accidentelle et indéterminée ? Philopon
(278, 12) est, semble-t-il, plus près de dire quelque chose
quand il déclare que toutes les causes accidentelles sont
également fortuites, mais qu'elles ne contribuent pas toutes également à la production du résultat. La pensée
d'Aristote est peut-être que, au point de vue mécanique,
les diverses causes du fait fortuit sont inégalement causes,
mais que, en tant qu'elles amènent leur effet sans l'avoir
poursuivi comme fin, elles sont toutes, indifféremment et
au même degré, des causes fortuites.

§ ἔστι μὲν οὖν (32).... = fin du chap. Définition du hasard en général, ou de l'élément commun au hasard proprement dit et à la fortune. — ἀπλῶς (34) τουτέστιν ἀναγ-
καίως (Simpl., 345, 10) ; cf. ἐξ ἀνάγκης (197 a 1) et ἀεὶ
(ib., 3).

CHAPITRE VI

---

§ début = οὐκ ἔστιν (197 b 13). — La fortune est une
espèce du genre hasard : elle est la causalité accidentelle
exercée par des êtres qu'on peut dans certains cas appeler
heureux, εὐτυχεῖς, d'une manière générale par des êtres
capables d'activité pratique (La πρᾶξις, à la différence de
la ποίησις, a sa fin en elle-même et non dans une œuvre
extérieure — Nic., VI, 4 et 5, 1140 b 6 — elle suppose
toujours le choix délibéré, la προαίρεσις — ibid., 2, 1139 a
34) ; et par conséquent les effets de la fortune sont toujours des objets que pourrait se proposer l'activité prati-

que. Si la τύχη appartient exclusivement aux êtres qui peuvent posséder l'εὐτυχία, comme l'εὐτυχία appartient à son tour exclusivement à ceux qui peuvent posséder l'εὐδαιμονία et que l'εὐδαιμονία n'est qu'une espèce de la πρᾶξις, à savoir l'εὐπραξία, c'est donc seulement pour les êtres capables de πρᾶξις qu'il y a τύχη. (L'εὐτυχία n'est, sans doute, qu'une condition accessoire de l'εὐδαιμονία, mais elle en est bien une condition, *Nic.*, VII, 13, 1153 b 17, de sorte que l'opinion commune n'a pas tort de rapprocher les deux choses.) La même conclusion résulte du fait qu'on n'attribue ni εὐτυχία ni τύχη aux êtres qui ne participent pas à la πρᾶξις, les êtres inanimés, les bêtes, les enfants. (L'homme adulte ayant seul la προαίρεσις a seul la πρᾶξις, voy. *Eth. à Eud.*, II, 8, 1224 a 28). C'est seulement par métaphore qu'on attribue quelquefois l'εὐτυχία à d'autres êtres que l'homme et par exemple à des êtres inanimés. Une pierre, si elle délibérait, pourrait prendre pour fin de devenir autel ; on peut donc dire métaphoriquement que c'est pour elle une εὐτυχία d'être devenue autel sans avoir rien fait pour cela. Est-ce à dire que, au sens propre, les êtres dépourvus de πρᾶξις n'aient rien de commun avec la fortune ? Sans doute les résultats de leur activité ne peuvent jamais être appelés des effets de la fortune. Mais quand un homme a taillé une pierre dans un autre but et que de cette pierre il a fait par fortune un autel, la pierre a subi l'action de la fortune, a pâti par le fait de la fortune. Seulement il reste toujours que l'agent, dont la causalité accidentelle constitue la fortune, est un homme. (Pour le commentaire de ce paragraphe facile, nous suivons Simplicius, 345, 19, si ce n'est qu'il hésite à affirmer que la passion par fortune appartienne dans le sens propre et sans métaphore aux êtres qui ne délibèrent pas. Voy. 346, 91, et cf. dans le même sens, Philopon,

287, 8. Mais malgré le πως du texte 197 b 12, notre explication semble plus naturelle. Sur Protarque, cf. Zeller, tr. fr., II, 476, n. 3. — Aristote était libre assurément de distinguer entre la fortune et le hasard ; mais il semble vouloir s'appuyer sur l'usage de la langue (φαμέν 197 b 15 ; λέγομεν 20 ; cf. δοκεῖ 4) : or l'usage, comme les commentateurs en donnent des preuves (Simpl., 358, 5 ; cf. Philop., 283, 3), appliquait souvent le mot de hasard à des actions humaines et celui de fortune à des opérations de la nature. Il est vrai seulement, ainsi que le remarque Simplicius (358, 20), que dans la langue vulgaire le mot τύχη comportait deux sens, l'un correspondant à ὡς ἔτυχε et l'autre à τυχεῖν τινος. Aristote a pour ainsi dire fondu les deux sens dans sa notion de la τύχη.

§ τὸ δ' αὐτόματον (13-14).... = προαίρεσιν (22). — Le texte traditionnel à la ligne 14 : καὶ τοῖς ἄλλοις ζώοις καὶ πολλοῖς τῶν ἀψύχων est aussi celui de Simplicius (346, 33) et de Philopon (287, 21) ; il n'y a pas de raison de lui préférer la leçon d'Alexandre (Simplic., ib., 35) et peut-être de Thémistius (185, 17) : καὶ τοῖς ἀλόγοις ζώοις καὶ τοῖς ἀψύχοις. — A la ligne 20, ce n'est pas seulement le ms. E (selon l'indication de Prantl ; Bekker rapporte cette leçon au ms. F), c'est aussi Philopon (288, 22) qui lit ὧν ἔξω au lieu de οὗ ἔξω que donnent Simplicius (347, 12) et les autres manuscrits. Avec οὗ il faut, à l'exemple de Simplicius, sous-entendre τὸ ἕνεκά του comme sujet de γένηται, ce qui est un peu pénible. Il est vrai que, en revanche, οὗ, comme complément de ἔξω, indique bien que la cause finale est hors du résultat (τοῦ συμβάντος 10, mot auquel se rapporte οὗ) ; mais ἔξω tout seul présente par la force des choses le même sens. — Aristote établit par deux exemples que le mot hasard a, dans le langage, plus d'extension que celui de fortune ; puis il répète la définition du ha-

sard comme terme générique, et il en tire par addition
de la différence spécifique la définition de la fortune. —
L'exemple où figure un cheval peut se comprendre de
plusieurs manières. Selon Thémistius (185, 18) et Simplicius (347, 4), le cheval a été pris par l'ennemi ; il s'échappe
pour aller boire, et il est rencontré par son maître à qui
il se trouve ainsi rendu et conservé. σωθῆναι comporte
parfaitement ce sens. Selon Philopon (281, 9 ; 287, 25 ;
294, 5), le cheval a fait tomber son maître et sort de la
mêlée pour aller boire, de sorte qu'il se trouve ainsi sain
et sauf hors des prises de l'ennemi. De quelque façon
qu'on l'entende, l'exemple est acceptable. La seule difficulté porte sur le mot αὐτόματος (15) que Simplicius
(347, 6) et Philopon (288, 1) voudraient rapporter à ἐσώθη
plutôt qu'à ἦλθεν. Le texte d'Aristote peut être pris au
pied de la lettre. Sans doute il faut dire du cheval que
ἐκ ταὐτομάτου ἐσώθη ; mais puisque le hasard est la cause
efficiente du fait fortuit (cf. plus bas, 198 a 2) et que la
fuite du cheval est la cause efficiente accidentelle de son
salut, il semble que c'est bien cette fuite qu'il faut qualifier de hasard : le salut n'est que l'effet du hasard. —
Même observation touchant αὐτόματος κατέπεσεν (16) dans
le second exemple. Aristote eût mieux rendu sa pensée
s'il avait écrit ἐστάθη au lieu de ἔστη à la ligne 17 : « Quand
une main met le trépied debout, c'est pour en faire un
siège » ; au lieu de « quand le trépied est debout.... »

ἁπλῶς (18) « ἀντὶ τοῦ καθόλου » (Philop., 288, 18). Le
hasard est une espèce qui a pour genre les causes susceptibles de tendre à des fins. — ὅταν.... = αἴτιον (19-20). En-
tendez : ὅταν, μὴ τοῦ συμβάντος ἕνεκα, γένηται τινα ὧν τὸ
αἴτιόν ἐστιν ἔξω τοῦ συμβάντος. En somme, les mots ἔξω τὸ
αἴτιον répètent μὴ τοῦ συμβάντος ἕνεκα. Soit dans l'activité
pratique, soit dans la nature, lorsque le résultat et sa

cause sont l'un et l'autre par soi et non par accident, le résultat, comme fin, implique sa cause et la cause, puisqu'elle est, par définition, le moyen de la fin, implique la fin. Si, par exemple, une pierre est lancée contre un homme, le coup qu'elle frappe, c'est-à-dire ici la fin, implique la main qui lance la pierre, c'est-à dire la cause, et inversement la main qui lance la pierre implique le coup à frapper. La cause et la fin font un système dont les deux termes s'enveloppent réciproquement. Toutefois, il n'est pas douteux que c'est au fond la fin qui commande (cf. 9, 200 a 32). Voilà pourquoi nous avons traduit αἴτιον par cause finale. La cause finale du fait fortuit est en dehors de lui, il n'est pas en réalité une fin; par suite, le fait fortuit ne fait pas partie de la nature essentielle de la cause qui l'amène. Veut-on avoir une pierre qui, jetée en l'air, retombe toujours de façon qu'on puisse s'y asseoir? Il faudra alors qu'elle soit cubique, et si elle est cubique, elle retombera toujours de cette façon. Le fait fortuit, au contraire, ne sert pas de fin à sa cause, et si sa cause le produit, ce n'est point par le déploiement d'un pouvoir essentiel. Voy. Thémist. (185, 23) et Simplic. (347, 14), qui toutefois paraissent mettre sur le même pied la cause efficiente et la cause finale.

τοῖς ἔχουσι προαίρεσιν (22). Pour qu'il y ait fortune et non hasard, il ne suffit pas que le résultat soit susceptible d'être choisi (car par exemple la position droite du trépied pourrait être un objet de choix), mais il faut encore qu'il arrive en conséquence d'actes accomplis par des êtres susceptibles de choisir (Simplic., 347, 28).

§ σημεῖον δὲ (22).... = τοῦ πατάξαι ἕνεκα (32). — Commençons par nous occuper du texte de ce passage assez difficile. A la ligne 24, la Vulgate, deux manuscrits de Bekker et peut-être Simplicius (348, 22) donnent βαδίσαι, εἰ λαπάξεως. A la ligne 27, la Vulgate et Bekker ont ἕνεκα ἐπεφύκει; deux manuscrits de Bekker, ἕνεκα ἦν καὶ ἐπεφύκει; Simplicius (348, 25), d'accord avec Thémistius (186, 16), lit : ἕνεκα ἦν ἣ ἐπεφύκει et il n'est guère possible de douter que cette dernière leçon soit la vraie. Mais ces deux premières questions de texte sont sans intérêt. Il n'en est pas de même de la troisième. A la ligne 23, Bekker lit avec tous ses manuscrits et avec Philopon (289, 26) sans qu'on soit en droit de croire que Simplicius (348, 21) ni même peut-être Thémistius (186, 11) aient lu autrement : τὸ ἕνεκα ἄλλου ἐκείνου ἕνεκα (c'est-à dire : lorsque la cause qui est en vue d'une fin n'est pas en vue de la fin qui est atteinte en réalité). Or, avec cette leçon, le passage perd toute netteté, parce qu'une cause vaine se trouve présentée non pas simplement comme celle qui n'atteint pas sa fin, mais comme celle qui, en outre, atteint une fin accidentelle : par où on confond τὸ μάτην avec τὸ αὐτόματον. La leçon de la Vulgate : τὸ οὗ ἕνεκα, ἀλλ᾽ ὃ ἐκείνου ἕνεκα, déjà signalée par Simplicius (349, 4), offre le même inconvénient et, de plus, l'explication littérale en est fort pénible; car il faut, semble-t-il, développer ainsi : ὅταν μὴ γένηται τὸ οὗ ἕνεκα, ἀλλ᾽ ὃ ἂν ἐποίησε τὸ γενόμενον ἕνεκα ἐκείνου τοῦ τέλους τοῦ γενομένου (lorsque ce qui est produit ce n'est pas la fin de la cause, mais ce qu'aurait produit une autre cause existant en vue de la fin qui a été réellement produite). L'excellente correction de Prantl paraît donc s'imposer : τῷ ἕνεκα ἄλλου ἐκεῖνο οὗ ἕνεκα. — Avec elle le sens de tout le morceau devient clair, plus clair qu'il n'a été pour les commentateurs, quoique Simplicius (notamment 349, 37 et 350, 21) soit bien près de dégager tout le sens Ce qui leur a manqué, ç'a été de distinguer avec précision et sans retour entre l'élément négatif et l'élément positif ou quasi-positif du hasard, le

premier consistant dans le μάτην; le second dans la fin
accidentelle qui se trouve réalisée ; et cette confusion les
a entraînés (Alexandre dans Simplicius, 349, 18) à faire
du μάτην une cause efficiente dont τὸ αὐτόματον serait
l'effet et la fin ; ou, au moins (Thémistius, 186, 26, reproduit par Philopon, 290, 25), à présenter le μάτην comme
étant au lieu et place de τὸ αὐτόματον, dont on ne parle
plus, la cause efficiente de τὸ ἀπὸ τοῦ αὐτομάτου. Simplicius
(350, 5) maintient, il est vrai, avec toute raison, l'analogie si manifeste de ἡ τύχη et de τὸ αὐτόματον, de τὸ ἀπὸ τύχης
et de τὸ ἀπὸ τοῦ αὐτομάτου; mais cela ne coupe pas la racine
du mal, c'est-à-dire le transfert fautif au terme τὸ μάτην de
tout le contenu de la notion du hasard. Pour y réussir, il
faut voir et maintenir que τὸ μάτην exprime une idée négative et rien de plus. Est en vain une cause qui ne produit pas ses effet et fin propres, et en tant qu'elle ne les
produit pas. Il ne faut pas dire (avec Simplic., 350, 31)
que la cause est en vain relativement aux faits fortuits,
parce qu'elle n'a pas pour fin de produire ce qui se trouve
être produit. La cause n'est pas en vain parce qu'elle produit, quoique non par soi, ce qui arrive : elle est en vain
parce qu'elle ne produit pas ce que, par soi, elle doit produire, que cette stérilité essentielle soit ou non accompagnée d'une production accidentelle. Et si une cause est
dite être en vain lorsque, tout en amenant ses effet et fin
propres, elle amène aussi un effet accidentel (comme lorsqu'une pierre, en atteignant son lieu naturel, brise une
autre pierre qu'elle heurte en morceaux d'une figure re-
marquable), c'est que, en tant qu'elle produit un effet accidentel, la cause ne produit pas son effet propre et
montre une stérilité essentielle (cf. Simplicius lui-même,
357, 23). Cela posé, nous comprenons comment Aristote
donne pour étymologie à αὐτόματον αὐτὸ μάτην. La nature

du hasard contient deux idées. L'une est négative : c'est qu'une certaine cause, en tant qu'elle est elle-même, αὐτό (on dirait encore plus clairement : en tant qu'elle est faite pour amener telle fin, en tant qu'elle est cause par soi, καθ' αὐτό), se trouve, pour une raison ou pour une autre, ne pas agir. La seconde idée, quasi-positive, celle-ci, c'est que, tout en n'agissant pas comme cause par soi, la cause se trouve agir comme amenant une fin qui est, par rapport à elle, un accident. Le passage de la première idée à la seconde est évident : en disant, non pas tout court, que dans tel cas, telle cause n'opère pas, mais bien que c'est comme cause par soi qu'elle n'opère pas, on amorce l'idée que, dans le cas indiqué, la cause agit autrement que comme cause par soi, c'est-à-dire qu'elle agit comme cause par accident. Le hasard est la non-causalité essentielle de la cause et, de plus, sa causalité accidentelle. — Il ne reste plus, sans doute, qu'à éclaircir les trois dernières lignes du passage (30-33) qui sont consacrées au développement d'un exemple. Selon la remarque d'Alexandre (Simpl., 340, 31) à laquelle, en somme, Simplicius adhère (350, 29), ce qui est un effet du hasard, c'est que la pierre frappe quelqu'un et non qu'elle tombe, puisqu'elle tombe précisément en vertu de sa gravité et pour rejoindre son lieu naturel. Mais au lieu de penser qu'Aristote aurait dû écrire : ἀπὸ τοῦ αὐτομάτου ἄρα ἔπληξεν ὁ λίθος, nous admettrions plutôt que, par une inexactitude facile à commettre, il a écrit ἀπὸ τοῦ αὐτομάτου au lieu de : αὐτόματος ἄρα.... Avec αὐτόματος l'exemple de la pierre devient parfaitement analogue à ceux du cheval et du trépied (15-16). La cause du coup, en tant que cause d'un accident, c'est bien la chute de la pierre; cette chute est donc, sous ce rapport, un hasard, dont l'effet sera le coup frappé sur un homme. Si maintenant on sous-entend εἰ δὲ μή entre ὅτι et πέσοι

(31-32), on verra que l'exemple se comprend aisément. La
chute de la pierre qui frappe un passant ne s'est pas produite en vue de frapper : elle est donc un hasard; car
sinon, c'est-à-dire si elle n'était pas un hasard, la chute
aurait été provoquée par une main dans le but de frapper. Absence de causalité essentielle (tendance vers le
lieu naturel) relativement au résultat considéré et production accidentelle de ce même résultat. — Naturellement l'étymologie aristotélicienne du mot αὐτόματον est
inacceptable. Aristote connaissait pourtant bien ce mot
dans le sens d'automate, c'est-à-dire de pièce mécanique
simulant l'action d'un être vivant (voy. Bz., *Ind.*, 124 a
61) et cela aurait dû le mettre sur la voie de la véritable
étymologie αὐτός et μάω ou μαίομαι. τὸ αὐτόματον désigne
la spontanéité du mouvement. Peu importe après cela que
μάτην dérive lui-même de μαίομαι pris dans une acception détournée.

§ μάλιστα δ' ἐστὶ (32)...., = ἐντός (36). — Bien que Simplicius (351, 31) et tous les manuscrits, sauf E, lisent τὸ ἀπὸ
τύχης (33), la leçon τοῦ donnée par Philopon (292, 8 et 20)
et par le ms. E doit être préférée, car elle est exigée par
le sens. — A la ligne 36, ἔστι δὲ que lisent tous les manuscrits et Philopon (292, 18) est à maintenir contre la leçon
de Simplicius (352, 15) ἔστι γάρ. — La distinction de la
fortune et du hasard se manifeste surtout lorsqu'on envisage un fait fortuit dans le domaine des actes ou des produits de la nature; car dans ce cas personne ne dira que
le fait fortuit est dû à la fortune, on dira qu'il est dû au
hasard. Considérons par exemple le cas d'une production
naturelle contraire à la nature, le cas d'un monstre, on
ne dira pas qu'il est l'effet de la fortune, on dira plutôt
qu'il est l'effet du hasard. Au reste, si on l'attribue au
hasard plutôt qu'à la fortune, on ne l'attribue pas absolu-

ment et sans réserves au hasard. Car les monstres eux-
mêmes (καὶ τοῦτο, 36) sont encore autre chose que de purs
produits du hasard : en effet, la cause finale et la cause
efficiente des faits de hasard sont extérieures à la nature
de ces faits (cf. ad 197 a 20), tandis que les monstres ont
une cause finale et une cause efficiente internes et appro-
priées à leur nature. — Philopon (292, 20) pense que
τοῦτο (36) rappelle τοῖς φύσει γινομένοις (33) et il entend :
Les faits produits par la nature diffèrent des faits de
hasard, car, etc. Mais une telle remarque serait par trop
évidente. Nous avons suivi l'interprétation de Thémistius
(187, 22) et de Simplicius (352, 10) qui insiste avec raison
sur la réserve indiquée par μᾶλλον (35) et aurait pu s'appuyer aussi sur le καί de la ligne 36. Il y aurait ici une
atténuation à la doctrine traditionnelle d'Aristote sur les
monstres (voy. 8, 199 b 4).

§ Τί μὲν οὖν (198 a 1).... = ἀόριστον (5). — L'accord de
Simplicius (353, 13) et de Philopon (293, 1) prouve que
la vraie leçon à la ligne 2 est τῶν δὲ τρόπων τῆς αἰτίας. —
A la ligne 4, il faut lire αἰτίων et non αἴτιον avec Simplicius (ib., 25) et le ms. E. Thémistius et Philopon n'indiquent pas leur leçon. — Après avoir défini et distingué
la fortune et le hasard, il reste à dire quelle est des quatre
classes de causes celle où ils rentrent C'est la classe des
causes efficientes, attendu que la fortune et le hasard sont
des noms donnés à la causalité accidentelle de la pensée
ou de la nature, et que la pensée et la nature sont, comme
causes par soi, des causes efficientes. C'est pour rappeler
leur caractère de causes accidentelles qu'Aristote dit de
la fortune et du hasard que de telles causes efficientes la
multitude est infinie (cf. 5, 196 b 28). — Les trois commentateurs sont d'accord sur le sens de ce passage.
Voy. surtout Simplic., 353, 15.

§ ἐπεὶ δ' ἐστὶ (5).... = fin du chap. — Il est impossible
de savoir si Philopon et même, quoi qu'en dise Prantl,
Thémistius (188, 13) ont lu κατὰ συμβεβ. ou τῶν κατὰ συμβεβ.
à la ligne 7. Simplicius (354, 6) lit : οὐδὲν τῶν κατὰ συμβεβηκὸς πρότερόν ἐστι τοῦ καθ' αὐτό. Mais devant l'accord de
tous les manuscrits avec lesquels s'accorde à son tour le
passage littéralement identique de la *Métaphysique* (K, 8,
1065 b 2), il n'y a pas lieu de modifier le texte traditionnel. D'ailleurs peu importe. — Aux lignes 12-13 Bekker
n'avait pas de raison suffisante pour lire, avec le ms. E,
τοῦδε πάντος au lieu de τοῦδε τοῦ πάντος que donnent deux
de ses manuscrits, la Vulgate et les trois commentateurs
(Thémist., 188, 14; Simplic., 355, 8; Philop., 296, 3).

La fortune et le hasard ne sont pas autre chose que
l'intellect et la nature en tant que ces deux derniers principes ont une causalité accidentelle. Or, il est clair que,
d'une manière générale, l'accidentel est postérieur au par
soi, donc la causalité accidentelle à la causalité par soi.
Par conséquent l'intellect et la nature sont antérieurs à
la fortune et au hasard. Si donc on admet, avec certains
philosophes (cf. 4, 196 a 24 et *ad loc.*), que le ciel est un
produit du hasard, il faudra admettre aussi qu'il est, antérieurement, un produit de l'intellect et de la nature.
— On comprend sans peine que l'intellect et la nature
soient antérieurs à la fortune et au hasard. Mais comment,
si le monde est un produit du hasard, ce même monde
est-il antérieurement un produit de l'intellect et de la nature? Aristote n'a pas démontré, dira-t-on, que l'intellect
et la nature doivent être causes des mêmes choses que la
fortune et le hasard, mais seulement qu'ils doivent être
causes avant la fortune et le hasard (Philop., 293, 26), et
d'ailleurs, il est impossible qu'une même chose soit le
produit à la fois de la finalité et du hasard (id., 295, 10).

Suffit-il de répondre avec Philopon (294, 14 et 295, 31)
que, comme le monde est tout, il faut bien que ce soit
sur lui que s'exerce la causalité de l'intellect et de la nature en même temps que celle du hasard? Mais, d'une
part, cette réponse ne lève pas la contradiction; d'autre
part, Aristote a évidemment voulu démontrer, et, si on
l'entend bien, il a démontré que le monde est le produit à
la fois du hasard et de la finalité. Au reste, ni Alexandre
lui-même (Simplic., 354, 22) ni Thémistius (188, 15), qui
le suit, n'ont bien saisi la pensée d'Aristote, parce qu'ils
ont cru, comme Philopon, qu'il s'agissait pour l'auteur
d'établir que, si l'on regarde le monde comme étant un
effet du hasard, on doit admettre que, sous le même rapport, le monde est antérieurement le produit de la finalité. Mais, ainsi que Simplicius l'a bien compris (354, 26),
Aristote ne se propose rien de tel. Admettons, dit-il, pour
autant qu'on le peut faire (ὅτι μάλιστα, 10; Simplicius aurait pu s'autoriser de la réserve indiquée par ces mots.
Aristote concède provisoirement et par hypothèse qu'il y
a du hasard dans le monde au sens le plus élevé du mot,
c'est-à-dire dans le ciel), que le monde soit le produit du
hasard; il ne sera jamais tel tout entier; car, puisque
l'accidentel présuppose le par soi, il faut bien convenir que,
antérieurement au hasard, l'intellect et la nature ont eu
leur effet dans la production du monde. En sortant pour
aller au devant d'un ami, j'ai rencontré mon débiteur et
recouvré ma dette. Ce dernier effet vient du hasard : mais
le hasard n'aurait pas eu lieu de s'exercer si l'intellect
n'avait commencé par manifester une causalité par soi en
déterminant l'acte d'aller au devant de mon ami. Ainsi ne
peut-il y avoir de faits fortuits dans la formation du monde
que comme accidents de la causalité par soi de l'intellect
et de la nature. — Ajoutons que si on voulait admettre

sans restriction ni réserve que le monde est le produit du hasard, on tomberait dans une contradiction puisqu'il est impossible de porter l'accident à l'absolu. Mais la contradiction serait imputable à celui qui avancerait une telle doctrine, à Démocrite, par exemple, non à Aristote.

ἄλλων πολλῶν (12). Suivant Philopon (296, 3), ces autres choses sont celles des choses particulières qui relèvent effectivement de l'intellect et de la nature. Selon Simplicius (355, 8), il s'agit des cieux secondaires, des astres, des éléments par opposition à l'ensemble du monde. Cette dernière interprétation paraît préférable, puisque le passage roule sur l'origine du monde.

CHAPITRE VII

Début = φανερόν (198 a 21). — Après s'être expliqué sur les causes par accident, Aristote rappelle qu'il a ramené à quatre classes les causes par soi. C'est en effet de quatre façons, et il le prouve par des exemples, que, d'une manière générale, nous répondons à la question pourquoi (Simpl., 361, 19). — ἔσχατον (16 et 18) est un adverbe qui se rapporte à ἀνάγεται (cf. Métaph., A, 3, 983 a 28, et Bz., ad loc.) ou joue le rôle d'adverbe (cf. Thémist., 189, 2 : ἢ ἐπὶ τὴν ὕλην ἐσχάτην ἐρχόμεθα; ce qui équivaut à ἔσχατον ἐρχόμεθα ἐπὶ τὴν ὕλην). — ἐν τοῖς ἀκινήτοις (17). Sur la synonymie, dans certains cas, de ἀκίνητα et de μαθηματικά, voy. Bz., Ind., 25 a 16 et ci-dessus, 2, 193 b 34. « Pourquoi cette ligne est-elle droite ? parce qu'elle est la plus courte de toutes celles qui ont mêmes extrémités. Pourquoi le côté de l'hexagone est-il commensurable avec le diamètre ? parce que leur commune mesure est le rayon » (Simplic.,361,26). — διὰ τί ἐπολέμησαν; (19). « Par exemple, pourquoi les Thébains ont-ils fait la guerre aux Phocidiens ? parce que les Phocidiens avaient pillé le temple.... Pourquoi le grand roi a t-il fait la guerre aux Grecs ? Pour dominer sur eux » (Thémist., 188, 27). — τοῖς γινομένοις (20), leçon de tous nos manuscrits et déjà d'Alexandre (Simpl., 363, 15), semble préférable à τοῖς γεννωμένοις que portaient les copies de Simplicius (362, 2) et de Philopon (300, 4 et 5), car ce ne sont pas seulement les plantes et les animaux, ce sont d'une manière générale toutes les choses sujettes au devenir qui ont de la matière : puisque le devenir ne saurait avoir lieu sans la matière. Voy. p. ex. *Phys.*, I, 8, fin.

§ ἐπεὶ δ' αἱ αἰτίαι (22).... = fin du chap. — L'accord des trois commentateurs (Thém., 189, 9; Simpl., 363, 32; Philop., 301, 7) met hors de doute que la vraie leçon 198 a 25 est εἰς ἕν et non, comme le veulent tous nos manuscrits, εἰς τὸ ἕν. — Aristote emploie indifféremment, pour désigner la chose dont on s'occupe, περί avec le génitif ou avec l'accusatif : voy. Bz., *Ind.*, 579 b 20. Il n'y a donc aucune raison de modifier 198 a 30-31 le texte de la Vulgate et de Bekker qui donne partout des accusatifs singuliers, ἀκίνητον, κινούμενον, ἄφθαρτον. Le ms. E ne porte peut-être même pas ἀκινήτων puisque Prantl n'y a pas relevé cette leçon que Bekker avait cru y voir. Les commentateurs diffèrent entre eux et quelquefois avec eux-mêmes sur les cas et sur les nombres (Thém., 189, 26; Simpl., 365, 5; Philop., 298, 10 et 303, 2). — Entre ἐπεὶ et ἤ (198 b 4) Philopon (305, 9) lit καί. Mais cette leçon, convenable pour le sens, se retrouve seulement dans un des manuscrits de Bekker. Simplicius (368, 8) a eu sous les yeux le texte ordinaire.

Le sens du paragraphe et, par conséquent, du chapitre VII, a échappé aux commentateurs. Ils n'y ont vu qu'une répétition de cette vérité trop simple que le physicien doit rechercher les quatre causes. Simplicius lui-même n'a que de bons détails. Il nous semble que le chapitre VII a pour fonction de préparer les deux suivants, en faisant voir qu'on serait dupe d'apparences superficielles si l'on se laissait entraîner à négliger la cause finale dans la physique. Voici dès lors la suite des idées. Aucune des quatre causes ne doit rester étrangère au physicien comme physicien. Cependant, on peut être tenté de contester ce point. Comme des quatre causes trois : la forme, la fin et le moteur, se réduisent souvent à une, sauf que toutefois le moteur reste numériquement distinct de la forme (de laquelle la fin ne se distingue ni spécifiquement ni numériquement) ; comme le moteur, en tant que fin, paraît, à titre de moteur immobile, échapper à la physique et relever exclusivement de la philosophie première ; pour ces deux raisons, le physicien est porté à croire qu'il a tout dit quand il a indiqué la matière, la forme et le moteur, en omettant la cause finale ; croyance dans laquelle il est confirmé par le fait qu'il voit les physiciens, parce qu'ils étudient des devenirs, chercher surtout quelle matière est donnée d'abord, quelle forme lui succède et sous l'action de quel moteur. Mais le physicien qui se paie de ces prétendues raisons se trompe. Car le moteur n'est pas uniquement le moteur mû tels que sont les êtres naturels et telle qu'est encore la nature ; c'est, de plus, le premier moteur immobile et, analogue à lui, la forme comme fin ou objet de désir, sorte de moteur qui, ne mouvant pas par une action extérieure et violente pareille à celle de l'artisan, mais en éveillant une aspiration interne, meut d'une façon naturelle tout en n'étant pas une nature. Donc le physicien ne doit pas négliger la fin et il convient qu'il réponde à chaque pourquoi, en recourant aux quatre causes l'une après l'autre.

τὸ δ' ὅθεν ἡ κίνησις (198 a 26).... — La forme et la fin ne font qu'un numériquement et se distinguent logiquement; de ces deux causes réunies en une seule, le moteur, au contraire, se distingue numériquement et non spécifiquement : l'homme est, en même temps que forme et fin, cause motrice par rapport au fils, mais comme cause motrice, au moins sous un certain aspect, il réside dans le père qui diffère numériquement du fils. En revanche, le générateur et l'engendré sont toujours identiques spécifiquement. Voy. Simpl., 364, 5 et Arist., *Méta.*, Z, 8, 1033 b 29; Λ, 3, 1070 a 4. — καὶ ὅλως ὅσα κινούμενα κινεῖ (27). Il faut faire précéder ces mots d'un point en haut et les faire suivre d'un point en bas. Le sens en a été bien indiqué par Thémistius (189, 15) : « Et, d'une manière générale, tous les moteurs mus qui sont prochains et n'admettent pas d'intermédiaire sont de même espèce que ce qu'ils produisent. » A quoi Philopon (302, 9), qui a seulement le tort de rejeter finalement l'explication de Thémistius pour une autre soi-disant meilleure, ajoute avec raison que certains moteurs prochains et sans intermédiaires, l'âme par exemple, ne sont pas de même espèce que ce qu'ils meuvent, de sorte que l'identité spécifique du moteur prochain et du mû n'a lieu que pour les moteurs mus. — ὅσα δὲ.... = ἀκίνητα ὄντα (28-29); cf. ci-dessus 1, 192 b 20 et 2 fin. — διὸ τρεῖς,.... = τὰ φθαρτά (29-31). Voy. *Méta.*, Λ, 1, 1069 a 30, et Bz., *ad loc.* Voy. aussi les commentateurs et, par exemple, Simpl., 365, 6. La substance éternelle, qui meut sans se mouvoir, est l'objet de la théologie ou métaphysique; les substances éternelles, mais qui meuvent parce qu'elles sont mues ou, en d'au-

tres termes, les substances éternelles sensibles sont les
cieux avec leurs astres. Elles sont l'objet de l'astronomie
(*Traité du ciel*). Les substances sensibles périssables, qui
ne sont elles aussi, et à plus forte raison, que des moteurs
mus, sont l'objet de la physique (*Physique*, *Traité de la
genér. et de la corrupt.*, etc.). — ὥστε,... = κινῆσαν (31-33).
Simplicius seul (365, 32) a peut-être soupçonné que, en
ne nommant pas ici la cause finale, Aristote a voulu indiquer qu'elle se dissimule, pour le physicien, derrière la
forme et le moteur. — περὶ γενέσεως.... = ἐφεξῆς (33-35).
τί μετὰ τί indique la succession des formes dans le devenir; τί πρῶτον ἐποίησεν désigne le moteur propre ou prochain; τί ἔπαθε le patient prochain, c'est-à-dire la matière
prochaine (Simpl., 366, 5). Cette façon de descendre dans
la série des changements (ou de remonter : car peu importe qu'on renverse le processus) en expliquant l'apparition de chaque terme nouveau par sa cause et sa matière,
c'est-à-dire mécaniquement, parait bien être la méthode de
Démocrite ou d'Anaxagore. Voy. p. ex. *Méta.*, A, 4, 985 a
10-21; Λ, 10, 1075 b 24 et, spécialement à propos de Démocrite, les textes cités par Zeller, tr. fr., II, p. 304-305.
— διττὰ δὲ.... = εἰδέναι δεῖ (198 a 35-b 5). Le moteur,
c'est sans doute l'efficient extérieur qui possède actuelle-
ment la forme et la communiquera au patient, c'est encore, plus intérieurement, la nature qui, imparfaite, aspire
à la forme qu'elle n'a pas; mais c'est surtout la forme,
objet de cette aspiration de la nature. Et parce qu'il est
forme, ce véritable moteur est immobile et ne peut mouvoir que comme fin : car c'est uniquement parce qu'il est
forme que le premier moteur meut à la façon du désirable (*Méta.*, Λ, 7, 1072 a 24); ce n'est nullement par un
privilège exclusif et parce qu'il est le premier moteur.
Derrière tout moteur mû, soit externe soit immanent, il

faut chercher un moteur immobile et, comme on voit, une
fin. Impossible d'éviter, dès qu'on analyse l'idée de moteur, cette considération de la cause finale. « En réalité,
dit M. Rodier (II, 89), l'âme meut le corps exactement
comme le premier moteur meut le monde ; il n'y a de différence que dans l'éternité du mouvement causé par celui-ci. Ce qui meut l'animal, ce n'est pas la forme qu'il
possède, c'est la forme parfaite et achevée qu'il devrait
posséder pour réaliser pleinement son essence ; c'est, en
un mot, le désirable. De même, ce qui meut la terre ou le
feu, c'est leur lieu naturel, en qui seul ils arrivent à être
pleinement ce qu'ils tendent à être. » (Cf. *De Anima*, III,
10, 433 b 14.) Si l'on entendait par mouvoir d'une façon
naturelle (φυσικῶς, 198 a 36) mouvoir à la manière d'une
nature (comme par ex. *Phys.*, III, 1, 201 a 23), il est certain que la cause finale ne mouvrait point d'une façon
naturelle et que le physicien n'aurait pas plus à tenir
compte de la causalité des moteurs immobiles qu'il ne doit
les étudier en eux-mêmes et dans leur essence. Mais puisque Aristote nous dit expressément que le moteur véritable meut φυσικῶς sans être lui-même une ἀρχὴ φυσική,
c'est-à-dire sans être une nature, il est clair que κινεῖν
φυσικῶς a ici le sens que lui donne Simplicius (366, 35) :
c'est, par opposition à l'art ou à la volonté réfléchie qui
agissent du dehors sur les choses, mouvoir en provoquant
une aspiration à l'intérieur du mobile. Le premier moteur est dit immobile παντελῶς pour le distinguer des moteurs immobiles, qui sont cependant mus par accident,
comme c'est le cas de l'âme quand elle meut le corps
(Simpl., 367, 14); ou plutôt comme c'est le cas de la forme
de l'animal et de la forme de l'homme, qui constituent le
désirable pour l'animal et pour l'homme : car ces formes
n'existent, en un sens, que dans l'âme de l'animal et dans

l'âme de l'homme, puisque Dieu ne pense pas en elles-mêmes les formes inférieures à lui. En disant ici de la nature ἡ φύσις ἕνεκά του (198 b 4), Aristote parle un langage plus rigoureusement exact que lorsqu'il disait au chapitre II (194 a 28) : ἡ δὲ φύσις τέλος καὶ οὗ ἕνεκα. Puisqu'elle est toujours engagée dans la matière, la nature ne peut pas être une fin à la rigueur : elle n'est qu'une cause agissant pour une fin. — καὶ πάντως (198 b 5) = fin du chapitre. Thémistius (190, 3) explique bien le mot πάντως : « κατὰ πάντας οὖν τοὺς τρόπους ἀποδοτέον τὸ διὰ τί. » Il faudrait mettre un point en haut avant καὶ πάντως et un autre après τὸ πολύ. Les lois de la nature sont ou nécessaires (surtout dans le monde supra-lunaire : cf. ci-dessus 4, 196 b 2) ou presque absolument constantes : cf. ci-dessous 9, 198 b 34 et *Génér. des anim.*, IV, 4, 770 b 9. Le sens de la comparaison entre ce qui est condition élémentaire d'une chose et les prémisses d'un syllogisme n'est pas douteux. Les trois commentateurs sont d'accord (v. p. ex. Simpl., 368 a 23) et nous avons déjà lu plus haut (3, 195 a 18) que αἱ ὑποθέσεις τοῦ συμπεράσματος ὡς τὸ ἐξ οὗ αἴτιά ἐστιν. La fin qu'invoque le physicien, c'est la forme propre de chaque espèce; par exemple, s'il s'agit de vivants, celle de chaque espèce vivante : celle du cheval pour le cheval; celle de l'homme pour l'homme (cf. p. ex. Thémist., 190, 17).

CHAPITRE VIII

---

§ début = τὸν νοῦν (198 b 16). — Aristote montre dans le chapitre VIII que la nature agit pour des fins, et dans le chapitre IX que la nécessité ne va pas, comme les physiologues l'ont cru, des antécédents au conséquent. Les physiologues ramènent toutes les causes (ἀνάγουσι, 198 b 12 : scil. τὰς αἰτίας, Thémist., 191, 9, et Simpl., 369, 20) à celle-ci : que, telle chose étant posée avec ses propriétés, telle autre s'ensuit nécessairement et en vertu de cette simple donnée. « Par exemple, le chaud étant léger et porté vers le haut, le froid lourd et porté vers le bas, par cette raison le monde est constitué comme il l'est, la terre s'étant mise en bas et le ciel en haut » (Simpl., *ib.*, 23). Cette méthode d'explication (la même que celle dont il a été parlé au chapitre précédent, 198 a 33) réduit toutes les causes, disent les commentateurs (p. ex. Simpl., *ib.*, 21), à la cause matérielle, et telle est bien en effet la pensée d'Aristote, qui n'a jamais dégagé la notion de cause mécanique proprement dite, car sa cause efficiente est essentiellement une cause agissant en vue d'une fin comme nous le comprendrons mieux que jamais en étudiant le chapitre IX (Voy. *Méta.*, A, 3, 984 a 18 : les physiologues sont obligés d'invoquer des causes motrices, car la matière ne se fait pas changer elle-même. Mais les causes motrices auxquelles songe tout de suite Aristote, c'est bien moins le feu de Parménide ou de tel autre, que l'Amitié et la Haine d'Empédocle, l'Intellect d'Anaxagore, c'est-à-dire des causes agissant pour des fins, *ib.*, 984 b 6 et 20). Pour le reproche qu'Aristote adresse (14-16) à Empédocle et à Anaxagore d'avoir à peine usé de leurs causes motrices-finales et d'en revenir trop tôt aux causes nécessaires, voy. le passage célèbre de la *Méta.*, A, 4, 985 a 18.

§ ἔχει δ' ἀπορίαν (16).... = ἀνδρόπρωρα (32). — Pour commencer l'étude de la question qui fait l'objet du chapitre, Aristote, suivant son habitude (voy. Bz., *Ind.*, 85 a 51), nous met d'abord en présence de la difficulté qu'on sou-

lève à propos de la finalité dans la nature : Tout se passe-
rait avec une nécessité mécanique aveugle, telle que celle
dont les physiologues auraient pu croire posséder le type
dans le processus de la formation et de la chute de la
pluie ; les parties des animaux se trouveraient, sans finalité, capables de certaines fonctions ; les animaux seraient
constitués par l'assemblage nécessaire de telles parties ;
ceux qui se trouveraient convenablement conformés sur-
vivraient seuls. Tels étaient, en effet, les enseignements
d'Empédocle (voy. Zeller, tr. fr., II, 236). - ἔχει δ' ἀπορίαν
(16). Le sujet de ἔχει est τί κωλύει κ. τ. λ. C'est comme s'il
y avait : οὗτος δὲ ὁ λόγος, οἷον τί κωλύει...., ἔχει ἀπορίαν. Seulement cette manière de s'exprimer est un peu inexacte,
puisque ce n'est pas, à vrai dire, le discours en question
qui est sujet à difficulté et que, au contraire, il est l'expression de la difficulté (cf. 32). — καθάπερ Ἐμπεδοκλῆς
λέγει (31). Empédocle parle, dans le passage visé par Aristote (voy. Zeller, *loc. cit.*), de la constitution bizarre de
certains animaux primitifs et non de l'impossibilité où ils
sont de vivre, sujet qu'il aura traité sans doute quelques
vers plus haut ou plus bas. Les mots καθάπ. Ἐμπ. λέγει se
rapportent donc plutôt à ὅσα δὲ μὴ οὕτως qu'à ἀπώλετο καὶ
ἀπόλλυται. — A la ligne 19, la leçon du ms. E ψυχθὲν, au
lieu de la Vulgate τὸ ψυχθὲν, semble appuyée par Philopon,
307, 4 ; au contraire, à la ligne 28, Philopon (307, 16) a
dù lire ὅσοις, qu'il n'y a pas lieu de changer en οἷς sur la
seule autorité du ms. E.

§ ὁ μὲν οὖν λόγος (32).... = καὶ οὖσιν (199 a 8). — A la
ligne 6 de 199 a, la leçon traditionnelle τὰ τοιαῦτα doit être
maintenue malgré le ms. E, puisqu'elle est celle de Simplicius, 373, 27, et de Philopon, 315, 19. — Ce paragraphe
est formé par trois raisonnements successifs : 1° Les productions et les opérations de la nature sont constantes ; or,

rien de ce qui est constant n'est accidentel ni fortuit ; donc aucune des productions et opérations de la nature n'est accidentelle ni fortuite (198 b 34 = 199 a 3) ; 2° Les productions de la nature sont soit fortuites, soit finales ; or, elles ne sont pas fortuites (on vient de le voir), donc elles sont finales ; 3° Les productions de la nature sont finales ; or, les parties des animaux et autres objets analogues sont des productions de la nature (de l'aveu même des négateurs de la finalité) ; donc les parties des animaux, etc., sont finales. Le troisième raisonnement réfute les négateurs de la finalité non plus seulement en thèse générale, mais en visant spécialement les choses qu'ils citaient comme issues, malgré les apparences, de la pure nécessité. La conclusion du troisième raisonnement est sous-entendue et, à sa place, Aristote exprime de nouveau la conclusion générale du paragraphe, qu'il y a de la finalité dans la nature. — La paraphrase de Thémistius (102, 10) est un peu lâche. Simplicius (372, 30) et Philopon (307, 24), qui sont précis, s'accordent en somme touchant les deux premiers raisonnements. Ils diffèrent sur le troisième, celui-ci voulant conclure que quelques productions naturelles sont finales et celui-là que quelques productions finales sont naturelles. Mais on voit mal l'intérêt soit de l'une, soit de l'autre conclusion.

§ Ἔτι ἐν ὅσοις (8).... = Θατέρου θάτερον (15). — Seconde preuve en faveur de la finalité dans la nature. Toute opération qui aboutit à la production d'un terme dernier où elle s'arrête implique une certaine manière définie d'opérer, savoir la manière téléologique ; or, les opérations de l'art et celles de la nature aboutissent également à des termes derniers ; donc ces opérations impliquent, les unes comme les autres, une même manière définie d'opérer. Or, cette manière définie d'opérer est, disons-nous, la

manière téléologique ; donc la nature et l'art opèrent téléologiquement. — Le passage n'est pas sans difficultés.
La première est de déterminer le sens de τέλος (8). Alexandre (Simpl., 377, 22) lisait : ἔτι ἐν οἷς τέλος ἐστὶ τὸ ἕνεκά του,
τούτου.... Mais Simplicius n'a trouvé cette leçon dans aucune
des copies qu'il a eues sous les yeux et d'ailleurs, observe-t-il
justement, on ne saurait appliquer à τέλος la qualification
de ἕνεκά του et Aristote n'aurait jamais pu écrire que ceci :
τέλος ἐστὶ τὸ οὗ ἕνεκα. Le texte d'Alexandre était donc certainement fautif. (Pour ce qui est de savoir s'il faut lire ἐν
ὅσοις ou ἐν οἷς, la première leçon donnée par tous nos manuscrits est appuyée en outre par Thémistius, 103, 1, et
par Philopon, 318, 23. Simplicius, 374, 29, 376, 27, a ἐν
οἷς, qu'on peut défendre aussi en alléguant Philopon, ib.,
25.) Or, ce texte défectueux a entraîné Alexandre à une
interprétation inadmissible, car la proposition que où il
y a fin, les antécédents sont en vue de la fin, est une identité vaine, et on piétine sur place quand on dit : il y a des
fins dans la nature, donc la nature agit pour des fins
(Simpl., 376, 1). Il faut donc, comme Thémistius (103, 1)
en a donné l'exemple, entendre τέλος dans le sens de terme
(cf. ci-dessous, ad 199 b 14). C'est le point d'arrêt d'un
mouvement continu (cf. ci-dessus, 2, 194 a 29, et ci-après,
199 b 15), c'est la forme à laquelle aboutit et où cesse le
devenir ; c'est, par exemple, le grain de blé auquel se ter-
mine la génération successive des feuilles, de la tige et
de l'épi. La nature et l'art, dans leurs opérations, vont
l'une et l'autre, par un mouvement continu, jusqu'à un
terme. Or, une telle marche est téléologique, puisque
toutes les étapes en sont reliées par un mouvement continu et présentent un ordre défini (ainsi parle Simplicius,
376, 28. Philopon, 309, 9, croit la proposition fausse bien
qu'admise par Aristote : car, dit-il, charger à l'excès un

navire, le mettre en route et le conduire jusqu'au moment
où il fait naufrage, voilà une opération continue aboutissant à un terme et ce terme n'est pas une fin. Mais Aristote répondrait que l'opération n'est pas continue, que le
mouvement qui amène le naufrage ne s'intègre pas dans
la série et que, au contraire, il la rompt. Autrement dit,
une opération où tout se suit et s'enchaîne sans disparates
et sans lacunes ne peut être que téléologique, car, sinon,
l'unité qu'elle offre ne s'expliquerait pas ; et l'on peut
conclure avec certitude de l'unité d'un devenir à sa nature
téléologique). Mais le mot πέφυκε (10, 11) est, à son tour,
difficile à interpréter. Il ne signifie pas que la finalité de
la nature est essentielle au lieu d'être accidentelle et fortuite. πεφυκέναι c'est ici « être produit par la nature, » par
opposition à « être produit par l'art. » (Simpl., 376, 17.
Voy. *Météorol.*, II, 3, 359 b 1, où πεφύκασι veut dire « crois-
sent. ») Ce sens éclate à la ligne 14, ᾗ πέφυκεν. En troisième
lieu, l'enchaînement des idées est assez mal marqué dans
le paragraphe. A la ligne 9, on attendrait un « or » au
lieu d'un « donc » et à la ligne 11 on s'attendrait à trouver
purement et simplement l'énoncé de la conclusion : « Donc
la nature agit téléologiquement. » Nous croyons qu'Aristote a décomposé sa conclusion en deux temps : 1° Les
opérations de la nature, parce qu'elles rentrent dans la
classe des opérations réglées et continues, impliquent un
certain mode d'opérer ; 2° ce mode est téléologique. De là
la présence de οὐκοῦν à la ligne 9 pour annoncer une première conclusion et celle des mots πράττεται δ' ἕνεκά του à
la ligne 11, où ils constituent une sorte de prémisse. Enfin,
en même temps qu'Aristote prouve le caractère téléologique des opérations naturelles en les faisant rentrer dans
la classe des opérations réglées et continues (genre commun de la nature et de l'art ; Simpl., 376, 26), il mêle

sourdement à cette démonstration un autre argument
qu'il développera tout à l'heure d'une manière explicite,
savoir que l'art est évidemment téléologique et que, puisqu'elle agit comme l'art, la nature l'est aussi. — ἕνεκα
θατέρου θάτερον (15), c'est-à-dire : ἕνεκα τοῦ τέλους τὰ πρὸ αὐτοῦ.
Simpl., 377, 5.

§ ὅλως δὲ (15).... = τὰ πρότερα (20). — Simplicius et
tous nos manuscrits donnent τε à la ligne 15. Mais la leçon
δὲ du ms. E, de Thémist., 193, 22 et de Philop., 316, 19,
paraît préférable, car nous sommes, semble-t-il, en présence d'un argument nouveau en faveur de la finalité
dans la nature et non, comme le croit Simplic. (ib., 3),
d'une remarque destinée à prouver qu'Aristote a bien eu
le droit, dans le paragraphe précédent, d'arguer de la ressemblance de la nature avec l'art. — ὅλως (15) s'oppose
sans doute à μάλιστα (20). — L'art continue et complète
les opérations de la nature, ou bien encore il les imite.
Cette collaboration et cette imitation ne seraient pas possibles si la nature et l'art n'étaient des manifestations
différentes d'une activité spécifiquement identique. —
Voy. *Météorol.*, IV, 3, 381 a 9 et b 3 : « Voilà donc ce
qu'est la cuisson par ébullition; et qu'elle ait lieu dans
des instruments artificiels ou dans des instruments naturels, cela ne fait pas de différence : car, de part et d'autre,
tout arrivera en vertu de la même cause.... Faire griller
et faire bouillir sont donc des opérations de l'art. Mais,
comme nous venons de le dire, la forme en est univer-
selle et se retrouve identique dans la nature : car, alors,
les effets produits sont semblables, et il ne leur manque
qu'un nom. L'art, en effet, imite la nature; témoin la
digestion de la nourriture dans le corps, laquelle est semblable à l'opération de faire bouillir, puisqu'elle est produite par la chaleur du corps, au milieu de l'humide et

du chaud. » *Part. des anim.*, I, 1, 639 b 15 : « Or la notion est le principe dans les choses artificielles et dans les
choses naturelles pareillement.... Mais la chose en vue de
laquelle on agit et la beauté se montrent à un plus haut
degré dans les œuvres de la nature que dans celles de
l'art. »

§ μάλιστα δὲ (20).... = καὶ οὖσιν (30). — Les animaux font
par nature (φύσει, 26), et avec tant d'habileté qu'on serait
tenté de se demander s'ils ne participent pas à l'intellect
(πότερον νῷ ἤ τινι ἄλλῳ ἐργάζονται, 22; cf. *Génér. des an.*,
III, 10, 761 a 4 : il y a chez les abeilles quelque chose de
divin, θεῖόν τι, formule qui en rappelle d'autres analogues
sur l'intellect, *Nic.*, X, 7, 177 a 13), des œuvres pareilles à
celles de l'art, c'est-à-dire de l'homme (car l'art, au sens
propre, appartient exclusivement à l'homme et la φρόνησις
qu'on peut attribuer aux animaux n'est jamais que mémoire et routine; *Méta.*, A, 1, 980 a 27 à 980 b 28). Au
reste, Aristote ne confond certainement pas l'instinct avec
la routine, puisqu'il a noté que l'abeille travaille presque
dès le jour où elle est insecte parfait. *Hist. des an.*, IX,
40, 625 b 25. Philopon, 311, 3, indique l'innéité de l'instinct en citant le mot d'Hippocrate : « φύσιες ἀδίδακτοι, »
et peut-être Aristote lui-même donne-t-il au mot « naturelle » (cf. Bz , *Ind.*, 835 a 19) le sens d'innée dans le passage suivant (*Hist. des an.*, VIII, 1, 588 a 29) : « Ce que
sont dans l'homme l'art, la sagesse et l'intelligence, une
autre faculté naturelle comparable l'est dans quelques-uns
des animaux. » Sur la ressemblance ou même l'identité
des œuvres de l'instinct animal et des œuvres de l'art,
cf. Simpl., 377, 8 : « Et c'est à juste titre qu'Aristote a
cité comme exemple la maison [199 a 12], car elle est produite d'abord naturellement par les animaux sans raison,
puis artificiellement par les hommes »). — Pour les travaux

des fourmis et des araignées, voy. *Hist. des anim.*, IX, 38
et 39, et cf. Rodier, II, 419. L'hirondelle, pour bâtir son
nid, sait faire, comme l'homme, du mortier de terre et de
paille, et comme lui encore, elle se prépare un lit d'herbes.
Hist. des an , IV, 7 déb. — κατὰ μικρὸν (23). Bien que
l'animal soit défini par la possession de l'âme sensitive
(*De Somno*, 1, 454 b 24) qui est absente chez les plantes,
cependant il y a un passage graduel des plantes aux animaux, et quelques animaux vivent comme des plantes, ce
qui est d'ailleurs la condition de tout animal endormi et
de tous les embryons d'animaux (Voy. *Hist. des an.*, VIII,
1, 588 b 4, et Bz., *Ind.*, 840 a 5, 7, 11). — οἷον τὰ φύλλα....
= τῆς τροφῆς (25-39). Voy. *De an.*, II, 1, 412 b 1, trad.
Rodier : « Les parties des plantes, elles-mêmes, sont des
organes, mais tout à fait simples ; par exemple, la feuille
est l'abri du péricarpe, et le péricarpe celui du fruit ;
quant aux racines, elles sont analogues à la bouche, car
les unes, comme l'autre, absorbent la nourriture. » Cf.
Part. des anim., IV, 10, 686 b 28 : les animaux de rang
inférieur sont dépourvus de pieds, et si l'on continue de
descendre peu à peu, on voit les animaux devenir des
plantes, leurs parties d'en bas prenant les fonctions de
celles d'en haut : car, dans les plantes, c'est la racine qui
correspond à la bouche et à la tête.

§ καὶ ἐπεὶ ἡ φύσις (30).... = ἡ οὗ ἕνεκα (32). — « Je trouve
à propos de remarquer, dit Simplicius (379, 27) en ter-
minant son commentaire du paragraphe précédent,
qu'Aristote présente comme étant des êtres naturels les
animaux sans raison et les plantes, encore que ce soient
des êtres animés, des êtres gouvernés par une âme, car
les animaux accomplissent leurs actes propres avec l'aide
de la sensation et du désir. S'il avait voulu envisager
l'action en vue de quelque chose dans les êtres propre-

ment et exclusivement naturels, il aurait allégué le mouvement des éléments vers leur lieu, mouvement par lequel
ils ont en vue de rejoindre la masse de substance à laquelle ils appartiennent, ou bien encore la lutte que les
qualités en vue de se maintenir dans leur sujet sou-
tiennent contre leurs contraires, ou bien enfin le fait que,
dans la génération des éléments, la première transformation a toujours lieu en vue de celle qui la suit et qu'elle
précède, car le feu est engendré de l'eau en passant par
la vapeur et l'air comme intermédiaires. Prenons donc
garde qu'Aristote appelle nature tout ce qui, dans l'âme,
est fonction liée au corps. » Simplicius a raison de rappeler que le mot nature comporte chez Aristote et ici même
un sens large. Mais il aurait dû faire voir que l'auteur
nous conduit progressivement de la nature au sens large
à la nature au sens propre. Il y a continuité entre la
nature sous les espèces de l'âme exerçant des fonctions
liées au corps et la nature en tant que principe interne
de mouvement dans les êtres inanimés. C'est à celle-ci
que nous aboutissons, dans le présent paragraphe et, en
vertu de la marche progressive que nous avons suivie,
nous nous trouvons obligés de conclure que, prise comme
forme, la nature, dans son acception étroite, retient, elle
qui n'est maintenant la forme que des êtres inanimés, la
même qualité de notion agissante et de cause finale que
nous avons pu voir à découvert dans la forme des êtres
animés, surtout dans la forme des plus élevés d'entre eux.
— τέλος δ' αὔτη (31). Sur l'exactitude de cette expression,
cf. ad 198 b 4. — A la ligne 32 la leçon traditionnelle ἡ
αἰτία doit être conservée malgré le ms. E, puisqu'elle est
celle de Simplicius, 380, 5.

§ ἁμαρτία δὲ (33).... = σπέρμα ἦν (199 b 9). — Les faits
qui paraissent la contredire ne prouvent point que la fina-

lité naturelle n'existe pas. Niera-t-on, parce qu'ils échouent quelquefois, que les arts poursuivent des fins? Les monstres ne sont que les échecs et les erreurs de la nature, Et c'est même conformément à ce principe qu'il faut rendre compte de l'apparition des êtres primitifs imparfaits d'Empédocle, si on en admet l'existence. Ils ont dû provenir de germes viciés. Car, comme tous les autres animaux, ils n'ont pas pu, dans un système purement naturaliste, apparaître d'abord tout formés. Il a bien fallu qu'ils sortissent d'un germe, et d'ailleurs Empédocle lui-même admet, au moins dans un passage, la priorité du germe. — ὁ γραμματικός (199 a 34). La γραμματική est l'art d'écrire sous la dictée et de lire ce qui est écrit (*Top.*, VI, 5, 142 b 30). Il s'agit donc, dans notre passage, de traduire les sons avec une bonne orthographe. — τὰ τέρατα (199 b 4). La théorie des monstres est exposée dans la *Générat. des an.*, IV, 3 et 4; voy. surtout 770 b 9 et déb. du ch. 3. Ils se produisent dans celui des domaines de la nature où les lois, au lieu d'être nécessaires, ne sont que le plus souvent observées, où, par conséquent, il est possible que quelque chose soit autrement qu'il doit être. Les monstres résultent d'une impuissance de la nature comme forme à dompter la nature comme matière. La conception d'un animal femelle, qui est amenée par la prédominance de l'élément apporté par la femelle sur l'élément mâle de la génération, constitue la première et la moins considérable des monstruosités. — ἔτι ἀνάγκη (7-8). Les commentateurs voient ici un argument distinct contre la négation de la finalité naturelle par Empédocle. Le germe précède l'animal, donc un animal quelconque est toujours engendré. Or, la génération est un processus réglé et évidemment téléologique; donc l'existence des animaux suppose toujours la finalité. Ainsi entend p. ex. Philopon (319, 22) et il faut avouer que si on lit ἔτι (7), il est difficile d'entendre autrement. Mais, outre que l'argument serait présenté d'une manière bien elliptique, on sent en lisant le texte qu'il doit y avoir une connexion entre la phrase qui nous occupe et celle qui la précède, l'une finissant et l'autre commençant sur l'idée que l'animal vient toujours d'un germe. Aussi proposons-nous, si bien établie que soit la leçon ἔτι, qu'on se hasarde à lire εἴ γ' en mettant après σπέρματος un point en haut. La suite des idées se rétablit alors d'une façon satisfaisante. Quant à la proposition que c'est le germe qui est premier, elle paraît contredire l'assertion célèbre de la *Métaphysique* (Λ, 7, 1072 b 35) : τὸ πρῶτον οὐ σπέρμα ἐστίν, ἀλλὰ τὸ τέλειον. Mais on peut comprendre, comme nous le voudrions, que l'antériorité du germe s'impose dans Empédocle, quoique non en thèse générale et en vérité ou bien, comme Simplicius (382, 8) paraît le trouver naturel, qu'Aristote affirme à la fois la priorité du germe et celle de l'animal. Dans ce dernier cas, il faudrait regarder l'affirmation de la priorité de l'animal comme ne comportant nullement le sens chronologique. Le vers d'Empédocle (V. Zeller, tr. fr., II, 327) auquel sont empruntés les trois mots cités par Aristote, est le suivant : οὐλοφυεῖς μὲν πρῶτα τύποι χθονὸς ἐξανέτελλον et se rapporte à l'apparition de l'homme et de la femme. Simplicius (*ib.*, 16) remarque avec raison que le mot ὀλοφυής, qui signifie qu'un tout est encore indifférencié, s'applique excellemment au germe. Aristote l'emploie (*Part. des an.*, IV, 12, 693 a 25) pour désigner l'indistinction, chez les oiseaux, par opposition aux quadrupèdes, de la partie antérieure et de la partie postérieure du corps.

§ ἔτι καὶ ἐν τοῖς φυτοῖς (9).... ▬ ἐν τοῖς ζῴοις (13). — Non seulement la production des monstres d'Empédocle s'expliquerait comme nous l'avons dit, mais encore l'exis-

tence de ces monstres est inadmissible. Car s'il y avait eu
de tels monstres parmi les animaux, il aurait dû, à plus
forte raison (cf. Alexandre dans Simpl., 382, 32), y en
avoir parmi les plantes dont l'organisation est moins déterminée (cf. ad 199 a 27-29); or il serait absurde de parler, et Empédocle n'a point parlé de plantes monstrueuses
et, par exemple, d'ἀμπελογενῆ ἐλαιόπρωρα. — Selon la juste
observation de Philopon (323, 10 et 11), il y a, en bonne
doctrine péripatéticienne, des monstres végétaux comme
des monstres animaux et sous les mêmes conditions. Ce
qui est absurde, c'est l'existence de monstres végétaux tels
que ceux qu'Empédocle aurait dû admettre pour être conséquent. Les ἀμπελογενῆ ἐλαιόπρωρα sont absurdes comme
les βουγενῆ ἀνδρόπρωρα. — Bien que Simplicius (382, 22)
soit d'accord avec le ms. E pour lire ἔστι à la ligne 10, la
leçon traditionnelle ἔνεστι est encore la mieux appuyée
puisqu'elle est celle d'Alexandre (dans Simpl., ib., 32) et
de Philopon (322, 18).

§ ἔτι ἔδει (13).... = ἐμποδίσῃ (18). — Puisque les monstres
d'Empédocle dériveraient forcément d'un germe, il faudrait, pour que de tels monstres pussent se produire,
que les germes comportassent des déviations telles que, à
vrai dire, d'un germe donné il sortît n'importe quoi. Or
cela n'est pas; les germes ne comportent que des déviations limitées (c'est aux lignes 13-14, mieux encore qu'à
la ligne 4, que s'appliqueraient les observations de Thémistius, 195, 6, reproduites par les deux autres commentateurs : lorsque la nature manque son but dans la génération, elle ne s'en écarte néanmoins que modérément;
ainsi d'un homme ne naît pas un platane, il naît une
femme; sinon, un animal; sinon, de la chair et de même
dans le règne végétal. Cf. Génér. des an., IV, 4, 770 b 3
et 3, 768 b 7 : Les monstres sont des êtres qui ne res-

semblent pas à leurs générateurs; or, le degré de dissemblance est toujours réglé et c'est seulement quand un moindre degré est impossible que le degré supérieur se réalise); et ceux qui admettraient des variations illimitées nieraient, à vrai dire, non sur un point particulier, mais d'une manière générale, l'existence de la nature : car l'opération typique de la nature c'est précisément la production de chaque sorte d'êtres par un germe approprié. Voy. *Part. des an.*, I, 1, 641 b 24 : « Partout où nous observons un terme final vers lequel le mouvement va comme à sa limite (τέλος τι πρὸς ὃ ἡ κίνησις περαίνει) dès que rien n'empêche, nous disons que telle chose est en vue de telle autre. Il est donc évident qu'il y a un pareil principe [un principe analogue à l'art, cf. 641 b 12] qui est justement ce que nous appelons nature. Car ce n'est pas n'importe quoi qui naît de chaque germe, mais c'est tel être qui naît de tel germe, et n'importe quel germe ne vient pas non plus de n'importe quel corps. Aussi le germe est-il le principe et la cause efficiente de ce qui sort de lui : car ces êtres sont par une nature (φύσει) : c'est donc qu'ils sont issus de lui par croissance (φύεται γοῦν ἐκ τούτου). » — Bien que Simplicius (383, 13) lise τε après ὅλως (14), la leçon traditionnelle δ', qui est aussi celle de Thémistius (195, 27), doit être conservée. Le sens exige une opposition : Il faudrait que d'un germe sortît n'importe quoi; *mais* parler ainsi c'est nier la nature.

§ τὸ δὲ οὗ ἔνεκα (18).... = ἐμποδίσῃ (26). — Impossible de prétendre que le hasard suffit à expliquer les faits que nous regardons comme des fins et des moyens : car les faits naturels sont constants, tandis que les faits fortuits sont rares. — Aux lignes 20-21 la leçon traditionnelle est λουσάμενος ἀπῆλθεν, et un seul des manuscrits de Bekker, le ms. I, porte, sans l'adopter, la leçon λυσάμενος. Mais

Philopon (324, 17) la connaît aussi et Simplicius (384, 13)
dit que, au lieu de λουσάμενος, on lit également λυτρωσάμενος
(qu'il adopte) et qu'on lit ensuite ἀπῆλθεν ou ἀφῆκεν. Le
texte λουσάμενος ἀπῆλθεν n'a pas seulement peu de sens, il
constitue un contresens, car il désigne un acte usuel. De
λυσάμενος une première erreur a fait aisément λουσάμενος,
et il aura fallu, en conséquence, changer ἀφῆκεν en
ἀπῆλθεν. Il nous paraît vraisemblable qu'Aristote avait
écrit : λυσάμενος ἀφῆκεν. On peut voir là, avec Philopon
(ib., 21), une allusion à quelque fait célèbre comme la dé-
livrance de Platon prisonnier à Egine (cf. Chaignet, *Vie et
Écrits de Platon*, p. 33). — οὕτως (26) ne peut guère se
rapporter à τοῦτο ἀεί.... γίγνηται (24-25), car il est assez
pénible d'entendre : dans les choses naturelles il arrive
toujours qu'elles arrivent toujours ou le plus souvent.
οὕτως signifie plutôt « de telle manière déterminée » (cf.
ci-dessus, 198 b 35).

§ ἄτοπον δὲ (26).... = fin du chap. — Délibérer, c'est
chercher (*Nic.*, III, 5, 1112 b 21 et VI, 10 déb.); c'est donc
une marque de défaut et d'imperfection. D'autre part, on
ne délibère que sur ce qui peut être, soit de telle façon
soit de la façon opposée, et la contingence n'est pas une
perfection, car l'acte est supérieur à la puissance (*Méta.*,
Θ, 9 déb. Cf. Rodier, *Éthique à Nic.*, Xᵉ livre, p. 47-48).
« Dans celles des sciences qui sont exactes et se suffisent,
il n'y a point de délibération : par exemple touchant les
lettres, car nous ne sommes pas indécis sur le point de
savoir comment nous devons écrire. Mais pour les choses
qui sont accomplies par nous, bien que non toujours de
la même manière, relativement à celles-là, nous délibérons; par exemple, sur les choses qui relèvent de la médecine ou de la chrématistique, plus encore sur celles qui
relèvent du pilotage ou de la gymnastique, d'autant qu'elles

11

sont moins exactement déterminées et pareillement pour les autres choses. Nous délibérons plus dans les arts que dans les sciences : car nous y sommes plus indécis. La délibération a pour domaine les choses qui arrivent le plus souvent quand on ignore comment elles tourneront, et les choses dans lesquelles l'événement est indéterminé. » (*Nic.*, III, 5, 1112 a 34.) Cf. Philopon (321, 2) : « La délibération est un manque de connaissance (ἔνδεια φρονήσεως) et lorsque l'artisan délibère, ce n'est pas en tant qu'artisan qu'il délibère, c'est en tant qu'il est imparfait dans son art (car c'est par suite d'ignorance qu'il est conduit à délibérer) ; mais l'artisan n'a pas besoin de délibérer. » — ὁμοίως ἂν φύσει ἐποίει (29), cf. 199 a 12. — τούτῳ γὰρ ἔοικεν ἡ φύσις (31). Sur ce qui manque à l'exactitude de cette comparaison, voy. ci-dessus 2, 192 b 22 et *ad loc.*

CHAPITRE IX

§ début = τῷ λόγῳ (200 a 15). — Les ms. E, I, omettent ἄττα entre κρύπτειν et καὶ (200 a 7) ; mais le mot a été lu par Thémistius, 198, 12, et par Philopon, 331, 1. — A la ligne 10, le ms. E donne seul τοιοῦτος ; tous les autres et Philopon, *ib.*, 23, ont τοιοσδί.

Selon les mécanistes et par conséquent selon les physiologues qui ne sortent pas du mécanisme ou y retombent tout de suite, les antécédents déterminent les conséquents dans le devenir de sorte que ceux-ci sont commandés et nécessités par ceux-là. Aristote adopte sans restriction ni réserve, au moins en principe, la doctrine opposée. L'an-

técédent, selon lui, ne peut rien pour déterminer le conséquent; c'est le conséquent, au contraire, qui détermine
l'antécédent. Lorsque le conséquent est posé, les antécédents qu'il requiert le sont aussi, et s'ils amènent le conséquent, c'est qu'ils ne sont pas autre chose que des parties ou des préparations du conséquent. Il est bien vrai
que sans eux le conséquent ne saurait être, car une chose
n'est pas sans ses parties ou préparations, mais ils ne
sont nullement les causes actives, les causes efficientes du
conséquent. La cause efficiente est tout autre chose. Si les
formes résultaient nécessairement des antécédents pris en
eux-mêmes, dit fort bien Philopon (326, 28), « quel besoin
y aurait-il de la cause efficiente, je veux dire de la nature? »
La cause efficiente est donc une activité agissant pour
une fin et c'est la fin par conséquent qui détermine tout
le processus du devenir. Les choses qui viennent les premières dans l'ordre de la succession et les mouvements
que ces choses possèdent comme attributs essentiels, tout
cela n'est que cause matérielle par rapport à la forme qui
se trouve réalisée au terme de la succession. En un mot,
s'il est nécessaire que les antécédents amènent le conséquent, c'est parce que les antécédents sont les antécédents
du conséquent; la nécessité par laquelle ils amènent le
conséquent ne leur appartient pas en propre; au lieu de
la porter en eux-mêmes et de la posséder en dehors de
toute subordination au conséquent, ils ne font que la
recevoir lorsque le conséquent est supposé. Cette nécessité est non pas absolue mais hypothétique. — Aristote
ne s'est nulle part expliqué clairement sur la nature de la
nécessité brute qu'il laisse subsister au fond des choses et
qu'on voit à l'œuvre dans la production des monstres par
exemple (cf. ci-dessus, ad 199 b 4) : en tant qu'elle est
motrice, elle est encore quelque chose de la matière

(voy. 200 a 30-32). Comment dérive-t-elle de la matière si celle-ci est, en dernière analyse, un sujet sans propriétés, et en revanche, comment est-elle quelque chose de brut et d'opposé à la raison si en réalité elle ne dérive pas de la matière? C'est ce qu'on ne nous dit pas. Toutefois il est clair que la tendance essentielle d'Aristote est de retirer toute activité propre à la matière, d'en faire uniquement ce qui est commandé, la notion et la forme étant seules ce qui commande (voy. 14-15 : le nécessaire veut dire ici non pas ce qui nécessite, mais ce qui est conditionné et nécessité). Les antécédents devraient donc ne faire que précéder les conséquents, sans les déterminer nullement. S'il en est autrement, si les antécédents ont un pouvoir, c'est qu'ils viennent eux-mêmes de la forme en même temps qu'ils y retournent. C'est ce qui nous est expliqué dans le dernier chapitre du *Traité de la génér. et de la corrupt.* La génération est circulaire, comme le sont au-dessus d'elle les mouvements célestes; les nuages viennent de l'eau, mais aussi l'eau vient des nuages; l'homme vient d'un homme et en prépare un autre. C'est à peu près le même état de choses qu'on exprimerait en langage moderne si l'on disait que dans le devenir tout est réciproquement fin et moyen. (Cf. *Phys.*, VIII, 0, 265 a 33 : dans le mouvement circulaire tout point est également point de départ, milieu et terme.)

ἕνεκα τοῦ κρύπτειν (7), voy. *De Anima*, I, 1, 403 b 3 : la notion de la maison est σκέπασμα κωλυτικὸν φθορᾶς ὑπ' ἀνέμων καὶ ὄμβρων καὶ καυμάτων. — ἕνεκα τουδί (11), scil. τοῦ ἔργου τοῦ πρίειν (cf. 13 et 200 b 5).

§ ἔστι δὲ τὸ ἀναγκαῖον (15).... = δύο ὀρθαῖς (30). — La nécessité ne peut se comprendre que si elle va de la forme à la matière, c'est-à-dire si elle se ramène à la nécessité logique, à la nécessité logique selon son type parfait, le passage des prémisses à la conclusion dans le syllogisme démonstratif et au premier chef dans le syllogisme mathématique. Les prémisses font la conclusion ; la conclusion ne saurait suffire pour refaire et retrouver les prémisses (car une même vérité peut, en principe, se déduire de plusieurs prémisses indifféremment); si la conclusion était niée, les prémisses le seraient du même coup. De même, le conséquent fait les antécédents; les antécédents ne donnent pas par eux-mêmes le conséquent; si les antécédents étaient ôtés, le conséquent ne pourrait avoir lieu. Il y a donc un parallélisme parfaitement exact entre la marche de la nature et celle du syllogisme. Toutefois, si l'on s'attache aux apparences et non à l'ordre véritable des choses, il semble que la nature procède à l'inverse du syllogisme, car elle commence par la matière pour aller à la forme. Mais c'est seulement dans l'exécution que la nature procède ainsi et le processus d'exécution dépend du processus rationnel qui de la fin conclut les moyens suivant l'ordre syllogistique. Comme, dans les mathématiques qui sont purement théoriques, il n'y a pas de processus d'exécution, il est clair que c'est seulement le processus rationnel de la fin aux moyens qui peut être comparé au syllogisme mathématique.

Le sens général du passage est très net. Très net aussi est un exemple que nous trouvons d'abord chez Thémistius (199, 20) : 5 et 5 font 10; mais 10 peut résulter non seulement de 5+5, mais de 6+4, de 7+3, etc.; si 10 n'est pas donné, il est impossible qu'il y ait 5 et 5. Ce qui est plus embarrassant, c'est l'exemple proposé par Aristote. Thémistius n'en dit rien. Voici comment Simplicius (390, 32) l'explique : « Il faut savoir qu'on démontre de tout polygone rectiligne que la somme de ses angles extérieurs est égale à quatre droits et que la somme des angles inté-

11.

rieurs et extérieurs du triangle est égale à six droits. Le triangle étant donc un polygone rectiligne, ce qu'Aristote a exprimé en disant εὐθὺ τοδὶ [17. Remarquons en passant que le texte exact paraît bien être τὸ εὐθὺ τοδὶ, car c'est celui que donnent tous nos manuscrits et Philopon, 333, 1], et la somme de ses angles intérieurs et extérieurs étant de six droits, sur lesquels six les extérieurs en valent quatre, les angles intérieurs comme reste sont égaux à deux droits. Si cette conclusion est niée, alors les angles extérieurs ne valent plus quatre droits puisque tous les angles ensemble valaient six droits, et, par suite, la figure n'est plus un polygone rectiligne. Si les trois angles intérieurs sont égaux à deux droits, il ne s'ensuit pas absolument que la figure soit un triangle. » Cette interprétation ne va pas sans difficultés. D'abord nous voyons par les *Scholies sur les éléments d'Euclide* (Scholie de la prop. 32. *Euclide*, édit. Heiberg, t. V, p. 184, 19) que les géomètres grecs allaient, suivant l'ordre encore usité aujourd'hui, du théorème sur la valeur des angles intérieurs du triangle à celui qui concerne la valeur des angles extérieurs d'un polygone convexe, et qu'ils obtenaient cette valeur de quatre droits en soustrayant de la somme des angles intérieurs et extérieurs (deux droits pour chaque sommet) la somme des angles intérieurs. La marche inverse, que suppose Simplicius, est possible; elle semble moins sûre (car il est assez délicat de démontrer directement avec rigueur que la somme des angles extérieurs d'un polygone vaut quatre droits, puisqu'on pourra toujours demander, par exemple, comment on est sûr que les angles reportés autour d'un point intérieur au polygone recouvrent bien tout le plan et que la seule réponse sera forcément un appel à l'intuition, « cela se voit »), et, à ce titre, il est improbable qu'elle ait jamais été suivie par les Grecs, étant donné leur souci méticuleux de la rigueur.

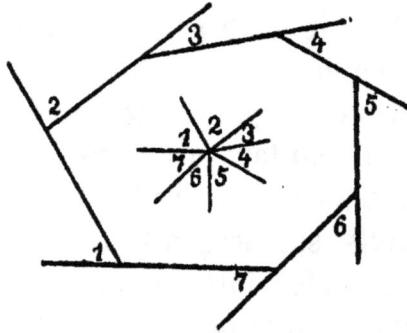

D'autre part, nous ne voyons pas comment Simplicius peut écrire (389, 25) que l'égalité à deux droits de la somme de trois angles d'un polygone ne fait pas que ce polygone soit un triangle et qu'un tel polygone peut être un quadrilatère. Qu'il soit un quadrilatère, c'est impossible, car si trois des angles valent ensemble 180, il faut que le quatrième vaille 180 à lui seul et il n'y a pas d'angle de 180 degrés, au sens d'angle ayant un sommet et concourant à produire une figure polygonale; ses deux côtés sont le prolongement l'un de l'autre ou, en d'autres termes, constituent une droite; par suite, le troisième et le quatrième côté ne faisant qu'un, le polygone sera un triangle.

L'interprétation de Philopon (333, 3) est bien préférable. ἐπεὶ τὸ εὐθὺ τοδί ἐστιν (16-17) signifie pour lui : « puisque la droite est telle chose. » Nous entendons par là : « puisque la droite, parce qu'elle exclut tout changement de direction, a cette propriété qu'elle représente les côtés extérieurs de deux angles adjacents supplémentaires, c'est-à-dire de deux angles formés par la rencontre d'une perpendiculaire avec la droite. » Cela étant, la réunion des angles situés d'un même côté de la droite constitue par définition deux angles droits. Et voici, dès lors, le raisonnement que vise Aristote en se référant à la figure classique (*Euclide*, I, prop. 32) pour la démonstration de l'égalité des trois angles du triangle à deux droits. Les trois angles adjacents au-dessus de AC sont ou représen-

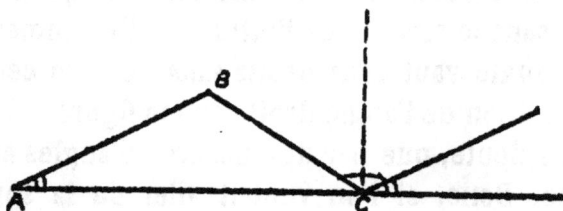

tent tous les angles du triangle ; or, la réunion de ces trois angles constitue deux droits, puisque les côtés extérieurs du groupe forment une droite ; donc la somme des angles du triangle vaut deux droits. — Il est vrai que Philopon garde le silence sur le point le plus embarrassant, celui de comprendre comment Aristote peut dire que l'égalité des trois angles du triangle à deux droits n'entraîne pas la propriété de la droite de représenter les côtés extérieurs de deux angles adjacents supplémentaires, c'est-à-dire la définition de l'angle droit comme formé par la rencontre d'une perpendiculaire avec une droite. A moins de supposer qu'il n'a pas aperçu une réciprocité bien facile à voir cependant quand on est porté à l'accepter, nous n'avons, semble-t-il, qu'un parti à prendre, c'est d'admettre qu'Aristote, s'avisant d'une distinction qui paraît n'avoir pas été étrangère à Euclide (voy. Renouvier, *Année philos.* de 1891, p. 16-17), a fait une différence entre l'angle droit comme figure et l'angle droit comme valant 90 degrés. Lorsqu'on adopte cette distinction dans le sens le plus radical, on est fondé à dire qu'il ne suffit pas de savoir que la somme des angles d'un triangle vaut 180 degrés pour être en mesure d'affirmer que les trois angles du triangle, une fois juxtaposés, donneront deux angles droits quant à la figure, deux angles adjacents ayant leurs côtés extérieurs en ligne droite. Entre les deux propositions, dont la première n'est que la condition nécessaire et non suffisante de la seconde, il reste une distance qu'on ne peut franchir sans le secours de l'intuition. Et comment savoir qu'un triangle vaut deux droits sans déduire cette vérité de la définition de l'angle droit comme figure? Ce ne peut être, sans doute, que par des mesures d'angles au moyen du cercle. Donc, si l'on voulait aller de la somme des angles du triangle à la définition de l'angle droit comme figure et à cette propriété de la droite de représenter les deux côtés extérieurs de deux angles droits adjacents, c'est bien de l'angle comme valant tel ou tel nombre de degrés qu'on partirait.

τοῦ συμπεράσματος (21). — Les prémisses sont, dans tout notre passage, assimilées à la forme (cf. ci-dessous, ad 200 a 35-36) et, par conséquent, la conclusion devient l'analogue de la matière. Aristote se plaçait évidemment à un point de vue différent quand il disait plus haut (195 a 18 et 198 b 7) que les prémisses sont la matière de la conclusion.

ἀρχή.... οὐ τῆς πράξεως ἀλλὰ τοῦ λογισμοῦ (22-23). πρᾶξις est pris ici dans un sens large, cf. πράττεται, 199 a 9, 10, 11. Sur l'opposition, classique chez Aristote, de l'analyse qui va de la fin aux moyens et de l'exécution qui repart du dernier terme de l'analyse, voy. notamment Nic., III, 5, 1112 b 15, et Méta., Z, 7, 1032 b 6.

ταῦτα γενέσθαι ἢ ὑπάρχειν (25). Voy. Philop., 336, 28 : « Aristote a dit γενέσθαι ἢ ὑπάρχειν, parce que, parmi les arts, les uns se servent de matières existantes et que les autres font leur matière, l'airain par exemple, ou d'autres matières analogues, car c'est nous-mêmes qui fabriquons l'airain. »

La leçon du ms. E οὔτε.... οὔθ', à la ligne 28, paraît exigée par le sens. Les autres manuscrits donnent οὐδ'.... οὐδ'.... On ne peut voir ce que les commentateurs ont lu.

§ φανερὸν δὴ (30).... = εἰ δὲ τχδί, τχδί (200 b 4). — Sur l'assertion que dans la nature comme dans l'art le vrai principe est non le premier terme de l'exécution, mais la définition, l'essence, la fin où les moyens sont inclus, voy. *Méta.*, Z, 9, 1034 a 30 : « De sorte qu'ici, de même que dans les syllogismes, l'essence est le principe de tout ; car c'est de ce qu'est la chose que partent les syllogismes et c'est de là aussi que part la production [dans les arts]. Et les choses produites par la nature sont dans le même cas : car la semence agit comme les procédés de l'art. » Cf. Bz., *ad loc.*

§ ἴσως δὲ (4).... = fin du chap. — Il a été dit plus haut (200 a 14) et il vient d'être rappelé (200 a 30) que le nécessaire, c'est-à-dire ce qui est soumis à la nécessité ou commandé, c'est la matière, tandis que la notion est ce qui commande. Mais il est vrai également que dans la notion et la définition des choses physiques il faut faire entrer, à côté de la forme, la matière (194 a 5 et 12) ; il va donc y avoir quelque chose de conditionné et de nécessité dans la notion elle-même. La notion de la scie c'est qu'elle coupe de telle manière, mais elle ne peut couper ainsi sans être de fer ; aussi faut-il adjoindre ce complément à la notion. Est-ce là une difficulté ? Nullement. La notion, même avec son complément, reste toujours ce qui commande. Et, d'autre part, si à l'intérieur même de la notion il se retrouve de la matière, c'est à la condition que ce dernier élément revête une nature conceptuelle, et enfin, dans la notion même, la forme est toujours ce qui commande et la matière ce qui est commandé.

Sur la différence de la définition formelle, de la définition matérielle et de la définition formelle et matérielle à
la fois, voy. *De Anima*, I, 1, 403 a 24, trad. Rodier : « Par
suite, les définitions doivent être telles qu'elles renferment
aussi [c'est-à-dire comme les choses] ces deux éléments
[c'est-à-dire la forme et la matière]. Par exemple, il faudra
dire que la colère est un certain mouvement de tel corps
ou de telle partie, ou de telle faculté de ce corps, produite
par telle cause et pour telle fin.... Car le physicien et le
dialecticien ne définiraient pas de la même manière chacun des états dont nous avons parlé et, par exemple, ce
qu'est la colère. En effet, ce dernier dira qu'elle est le désir d'offenser à son tour, ou autre chose d'analogue, le
premier qu'elle est la vaporisation du sang qui environne
le cœur ou du chaud. L'un d'eux indique ainsi la matière,
l'autre la forme et la notion. Car la notion est la forme de
la chose, mais, pour être, cette forme doit nécessairement
se réaliser dans telle matière. C'est ainsi que la notion de
la maison est, par exemple, ceci, savoir : qu'elle constitue
un abri protégeant contre les effets pernicieux des vents,
des pluies et des chaleurs. Mais tel pourra dire aussi que
la maison consiste dans des pierres, des briques [ou mieux :
des tuiles] et des bois, et tel autre encore qu'elle est la
forme réalisée dans ces choses en vue de telle fin. Quel est
donc, parmi ceux-ci, le véritable physicien ? Est-ce celui
qui ne s'attache qu'à la matière et qui ignore la forme, ou
celui qui ne considère que la forme ? Ou plutôt ne faut-il
pas dire que c'est celui qui fait entrer l'une et l'autre dans
sa définition ? » — « Il faut remarquer, toutefois, ajoute
M. Rodier dans son commentaire (II, 38), que celui qui
définit la chose uniquement par la forme est plus près de
la vérité que celui qui ne la définit que par la matière.
Car, comme il est nécessaire que telle matière serve de

substrat à telle forme, on peut, en partant de la forme, y retrouver la matière. La définition matérielle peut se démontrer en partant de la définition formelle. *An. post.*, I, 8, 93 a 12 : ὥστε τὸ μὲν δείξει, τὸ δ' οὐ δείξει τῶν τί ἦν εἶναι τῷ αὐτῷ πράγματι. »

A la ligne 5, la leçon de la Vulgate et de Bekker est ὁρισαμένῳ. Le ms. I donne ὁρισαμένου, le ms. E ὁρισαμένοι. Thémistius (201, 15) commence sa paraphrase du passage par ὁρισαμένοις. Philopon dit (337, 25) : εἰ γὰρ ὁρίσαιμι ; Simplicius (393, 3) : εἰ πρίονα ὁρίζοιτό τις. Le passage exigerait le sens de « défini » : or, la leçon conjecturale de Prantl, ὡρισμένον, ne le comporte pas : ὡρισμένον ne pourrait signifier que « déterminé. » Car c'est la voix moyenne de ὁρίζω qu'Aristote emploie exclusivement pour signifier définir et, lorsqu'il s'agit de définition, ὡρισμένος signifie « ayant défini » (Voy. Bz., *Ind.*, 524 b 8 et 22-23). Thémistius paraît avoir reproduit la vraie leçon : ὁρισαμένοις. Le δ' qui suit αὕτη à la ligne 6 s'explique bien avec cette leçon : quand on a défini l'œuvre du sciage et par conséquent la forme de la scie, on peut croire qu'on a tout dit, *mais* cette œuvre a des conditions, etc.

Vu, le 5 novembre 1906.

Le Doyen de la Faculté des lettres de l'Université de Paris,

A. CROISET.

Vu et permis d'imprimer :

Le Vice-Recteur de l'Académie de Paris,

L. LIARD.

ERRATA

Page	80, ligne	12,	lises :	210, 12.
—	81, —	4,	—	201, 13.
—	68, —	4,	—	200, 28.
—	84, —	10,	—	τὸ παρ.
—	94, —	10,	—	adopte la seconde.
—	94, —	23,	—	adopte la première.
—	98, —	avant-dernière,	—	288, 18.
—	110, —	13,	—	108 b 23.
—	127, —	30,	—	278, 28.
—	147, —	18,	—	308, 23.

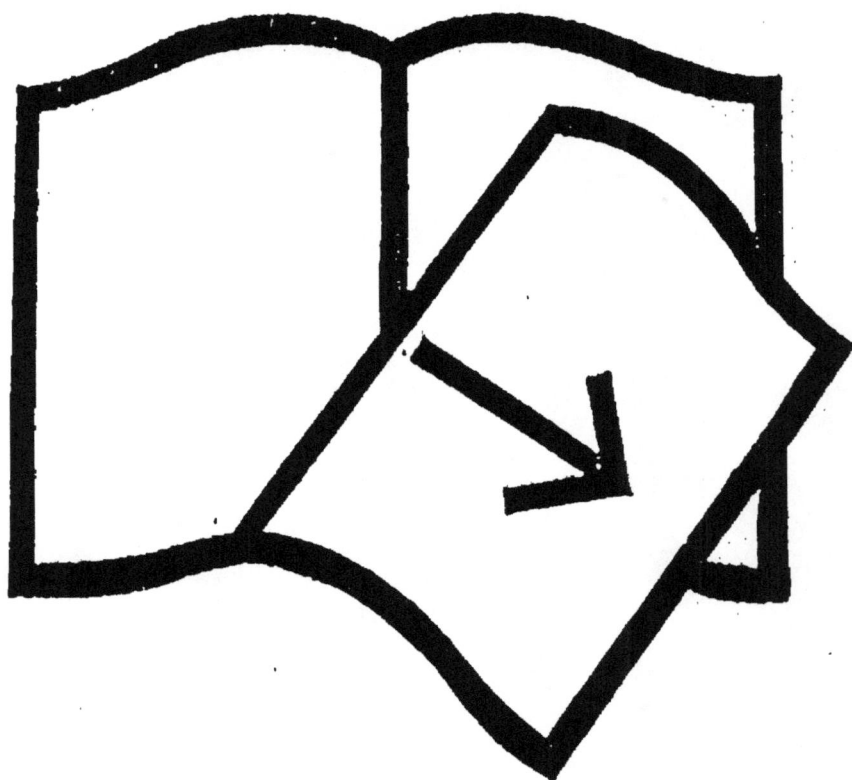

Documents manquants (pages, cahiers...)
NF Z 43-120-13

www.ingramcontent.com/pod-product-compliance
Lightning Source LLC
Chambersburg PA
CBHW072016080426
42733CB00010B/1729